誰讓你總是先說好

害怕被討厭而無法說 NO？
拒絕當個濫好人，
別讓過度體貼委屈自己

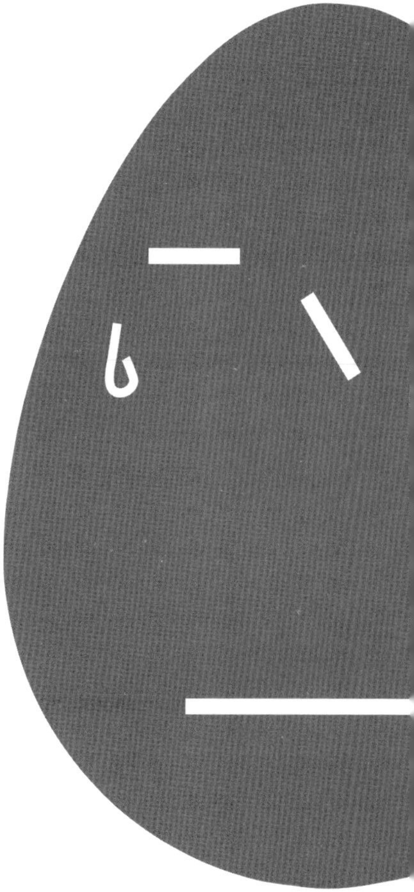

臨床心理師
玉川真里——著 簡捷——譯

序言

「那是因為你人太好了，總是逼著自己當好人而讓心生了病。但為了當好人而生病其實是沒有必要的。」

至今為止，我說了無數次這句話。

這是「好人病」的由來，後來甚至成為本書書名。我強烈地認為**現代社會就是有這麼多因為太過在乎別人，總是配合別人的意見需求而活的「好人」**。

還沒有向各位自我介紹，我叫做玉川真里。

過去曾任職於日本的自衛隊，也曾擔任自衛隊的臨床心理師。現已辭去自衛隊的工作，為形形色色的人們諮商，至今幫助超過三萬人面對自身煩惱並解決問題。

而在諮商過程中我感受到的是，前來諮商的人全都是「好人」。

「因為不想惹對方不高興，所以不會有話直說。」

「即便還有其他事情想做，但卻無法拒絕對方。」

「十分在意別人對我的言行、思考有什麼看法。」

這些人總將別人的期待當成行動準則，因此疲勞感多出常人好幾倍。為什麼會變成「好人」呢？為什麼即使「不情願」，卻還是改不了當個好人的習慣？

其實，只要了解自己變成「好人」的原因與解決方法，幾乎所有煩惱都能迎刃而解，實際上我已經透過這種方式幫助三萬名個案解決困擾。變成「好人」的原因是什麼呢？簡單來說就是**「他人思考」**。

所謂「他人思考」，指的是把他人的評價當成行動準則的思考方式。如果總是視他人為核心、配合別人的標準行動，最終必定會受到別人的左右，在不知不覺間累積疲勞，將自己的心弄得疲乏不堪。

解決的重點在於將「他人思考」轉換為「自我思考」。自我思考是以自己作為行動準則。只要切換成自我思考，每天的疲勞感便會一口氣煙消雲散。

比方說，有個人為了不被別人討厭，即使心裡想拒絕對方的要求，但還是硬著頭皮接受；某次當他鼓起勇氣告訴對方「沒辦法」時，對方立刻就放棄了。原本有所顧慮而無法拒絕他人，但真的拒絕後，也許對方還會客氣地說出「畢竟是我臨時拜託你嘛，不好意思讓你費心了」也不一定。

這也沒什麼，也許對方根本不覺得自己的要求有什麼大不了。換言之，純粹是當事者對於別人的想法太過敏感，事實上對方並沒有那麼在乎。

轉換為自我思考，便能逐漸解開這種「誤會」，也能有建設性地執行想做的事與該做的事，而不會感受到多餘的人際壓力。

只是，即便能夠理解，也不一定能夠立刻轉換為「自我思考」。

本書提供多種思考方式與改善方法，同時收錄我的親身經歷、以及給予諮商個案的實質建議，讓讀者能在不勉強自己、毫無負擔的前提下，逐步轉換為自我思考。

越是敏感的人，便越容易採取「他人思考」，在不知不覺中成為「好人」。

只要學會自我思考，就能脫離「只是個好人」的處境，不再受到他人左右，也不再為了人際關係苦惱不已。希望各位能夠透過閱讀了解該「如何思考、如何行動」。若能因此多幫助到一個人，就是我最大的榮幸。

臨床心理師　玉川真里

contents

第二章

為什麼會得「好人病」

第三章

不受他人左右的十二種思考方式

第四章

利用小小的習慣來內化自我思考

第五章

不再為了扭曲的人際關係感到苦惱

第一章

你是否常以他人為標準？

顧慮太多的人，他的心聲是……

「假如這麼做，別人會怎麼看我？」
「自己該扮演什麼樣的角色才好？」

努力工作的人腦海中總是離不開這些想法，並且容易藉由別人的眼光，以人際關係評價為濾鏡審視自己，所以只要對方有一點風吹草動，就容易引發負面思考：「他是不是覺得我很奇怪？」、「這麼做說不定惹對方不高興了。」

他們不以自己的想法為主體，卻十分重視別人的標準與評價，導致生活

中隨時戰戰兢兢地提防別人的眼光，為了不必要的事情煩惱。

逐漸成長的過程中，我們自然會培養出推測他人情緒的能力，這是因為「顧慮他人」是融入社會的必要能力。

不過這種能力發揮過了頭，就會活得非常辛苦。

你會為了什麼事情煩惱呢？

曾經有位四十幾歲的男性來找我諮商，任職教育界的他看起來聰明又優秀，但是公司的新進員工老是指責他的工作表現，導致他因此失去自信，前來尋求協助。而他對於自己總是過度在意周遭評價與判斷這一點，感到十分困擾。

由於小時候曾經遭到霸凌，他對於別人的言行舉止特別敏感，即便諮商的當下，他也表情僵硬，不停將我所說的話筆記下來。

根據他的轉述，員工指責他「說話反覆無常而且記性太差」。由於這名個案有明顯的憂鬱傾向，我建議他到醫院看診，同時接受多項檢查，其中也包含記憶力檢測。檢測結果顯示他的記憶力不但一點也不差，而且還非常優異，可見**別人（下屬）的指責根本毫無依據，卻因此傷了他的心**。

另外，像我這樣正在養育孩子的母親，面對學校、老師時也容易累積壓力。明明只要彼此合作、同心協力給予孩子健全的教育就好，卻還是難免發生對立。

同樣的道理，上司與下屬間有時也會發生齟齬。有位三十幾歲的女性上班族，由於先前仰賴的主管調職而必須與新主管共事，但是新主管根本不做事，同時她與新主管的工作方式也完全無法配合，讓她備感壓力，最後導致她無法繼續工作。

這些案例的生活背景各不相同，但卻**同樣都受到他人左右**。

顧慮太多便容易受到他人左右

為何人會自我折磨

為什麼剛才提到的那位四十幾歲男性會陷入憂鬱狀態呢？

仔細聽他娓娓道來才發現，雖然長年擔任管理職位，卻因兒時的霸凌經驗讓他特別害怕失敗與斥責，因此**凡事總是小心翼翼，力求符合周遭人們的期待**。

新員工初來乍到時，身為上司的他理應負責指導工作內容、分配職務，但他卻因為長期迴避給予他人指示，而不知道該如何指導下屬，不知所措的他便因此遭到下屬批評「靠不住」。

從此以後，上司和下屬的關係有如一百八十度大逆轉。在下屬屢次批評後，他開始努力改善對方指摘的缺點。

原本他的職場經驗比下屬豐富，大可自信滿滿地完成自己份內的工作；但因為兒時的霸凌經驗，讓他對於他人的評價與眼光變得非常敏感，所以即使兩人的職位高低十分明顯，卻還是深受下屬的言行影響。

至於那位三十幾歲的女性上班族又是什麼狀況呢？

諮商案件中，常常見到個案在評估現任與前任主管的能力高低後，產生工作上的壓力。

這類個案幾乎都會帶著自己單方面對於理想主管的想像，認為「主管應該如何」、「坐在這個位子的人應該怎麼做」，**等於把自己追求的標準（期待）套用到別人身上，一旦不符理想便感到不滿。**他們隨時繃緊神經，注意對方是否達到自己的要求。

不過，這位女性上班族和主管的關係還有後話。

原來這位新主管剛上任三個月就碰上公司異動，遠從異地搬家調職到現在的單位，於公於私都得面對陌生環境，光是適應新生活就已非常忙碌，也無暇顧及其他事情。

雖然難以評估對方受到何種因素影響，但一味拿自己的理想與無法改變的現實比較，反而容易忽略自己**在這種狀況下能做什麼、想做什麼**。

以別人為標準的「他人思考」

- 別人會不會攻擊我？
- 別人是不是瞧不起我？
- 對方是敵是友？
- 對方是否了解我的為人？
- 對於其他人而言，我是個有用的人嗎？

現代社會中，顧慮太多、擔心自己被討厭的人變多了。本章開頭列舉的這些思考方式我稱之為**「他人思考」，指的是在意別人的目光、遵從別人的**

標準而活。

一樣是陷入他人思考，但是每個人受他人影響的程度也有所差異。

假如你並不會將別人對你發脾氣這類事情放在心上，那當然沒有問題，但是有些人非常在乎「自己是否優秀」。如果總是為了獲得別人肯定而無法放下工作的話，便容易逼得自己身心崩潰。

職場上誰也不在意學歷高低，卻總有人覺得「自己的學歷比不上其他人」。另一方面，有些人擁有亮眼的高學歷、從事高知識行業，卻非常在乎自己的弱點（像是結巴之類）是否帶給別人困擾。上述兩者都對於別人的看法十分敏感。

同時，也會有人以對自己的嚴格標準來要求別人。

例如有人主張「我的先生應該……」、「我的太太應該……」、「我的小孩應該……」，這就是將自身要求投射到他人身上的類型。自己過度追求完美，並且要求配偶、孩子也該扮演完美角色，在意對方「受到何種待遇」、

「身處什麼位置」，也是屬於**下意識在乎他人眼光的類型**。

既然你拿起了這本書，一定也有某些事情特別令你「介意」、「敏感」，而你特別敏感的面向，就是容易受到他人影響、陷入他人思考的弱點。

容易受到他人影響的三種類型

雖然理由各異，不過容易受到他人影響的人，同時也會因此煩惱不已。在此介紹個案當中最常見的三種類型。

類型一 被話語影響

這是一位二十幾歲的男性個案。

「這個人說A，那個人說B。」這位男性因為「不知道該怎麼做才不會受到責備」而苦惱，眾人的意見紛雜反而讓他更搞不清楚該怎麼處理。

不只是他，許多個案都懷有「不想被罵、不想做錯事」的想法，因此才會對於他人如何看待自己反應過度。

類型二　被人際關係影響

另一位個案的問題是，上司們彼此的關係惡劣。由於部長與課長不合，導致他的工作進度遲滯不前，卻又不能放著工作不管。

比起人際關係，個案本人更想規規矩矩地把工作完成。既然如此，試著妥善利用 A 部長和 B 課長的關係，圓滑地執行工作不就好了嗎？問題是個案本人既不想捲入上司之間的糾紛，也擔心插手這件事會讓自己在公司內部失去立足之地，所以遲遲無法採取行動。

類型三　受他人的期待影響

「〇〇〇，我還期待你能多扮演這樣的角色呢……」相信聽過這句話的人不在少數；相對來說，總是以高標準要求下屬、一旦事情不符期待就氣得火冒三丈的人，也是屬於這種類型。

除了以上列舉的三種類型之外，還有其他容易受人影響的理由，不過**無論是哪一種情況，受到影響者都是以「他人」作為行動基準。**

為什麼如此在意他人？

對於別人的言行舉止過度敏感，一部分是受到現今時代背景所影響。現在是沒有自己的主張與意志也能活下去的時代。年輕人之所以會說出「自己是為了什麼而活？」就是因為無法感受到「活下去」的意義。

既然不必思考與做決定也一樣可以活著，在這種環境下，決策能力衰退也是理所當然。當我們習慣在父母或老師的協助下做出決定，那麼想獲得這些長輩的認同並據此行動也是合理的。

當社會的價值觀是「依照長輩意願而行動的人就是值得稱讚的好孩子」，我們便在**不知不覺間放棄自己的選擇權、遵循別人的標準，成為以「他人思**

考」方式而活的人。

他人思考，指的是將別人的評價與意見視為自身思考與行動的標準。相對而言，**「自我思考」則是以「自己想做什麼、能做什麼」為標準。**

但生活上我們往往把自己的想法擺在其次，對於上司、父母、配偶、朋友、夥伴、鄰居「對自己的看法」特別敏感，這就是現代社會的特徵。

某位上班族的煩惱是：

「手邊有個案子想跟老闆商量，但一看就知道老闆很忙，若打擾他一定會不高興；但是也不能讓客戶繼續等下去。真不知道該怎麼辦才好……」

這是因為他對老闆的心情、客戶的評價都太過敏感了。

而讓某位媽媽猶豫不決的是：

「孩子的班導師十分優秀，我也想盡己所能地協助老師，但家長會中並非所有人都支持導師，其中也有反對的人。我不知道站在哪一邊才好……」

這位媽媽明明有自己的想法，但卻受到人際關係影響而無所適從。

現在的國中生也是一樣，十分在乎自己該表現出哪種性格才能獲得他人肯定。但是藉由觀察周遭朋友想法、配合眾人意見來決定自身人格特質的做法，只會讓自己活得更辛苦。

每當有人表達自己的意見、說出自己的理念，便會因此成為眾矢之的，這種被認為是高調、強出頭的「出頭釘」風氣，讓人們紛紛認同「不出聲才是避開攻擊的最佳方法」。

上述的國中生、家長、上班族也是一樣，即使相信「這麼做才是對的」，也寧願選擇安全保守的做法，不願貿然採取行動，就怕淪為挨打的出頭釘。

因為「他人思考」而讓自己精疲力盡

為什麼現代社會容易引發「他人思考」？

人在面對陌生事物時會產生反感，是因為「改變」容易讓人不安。無論何事，一旦內容、做法有所改變，必須考量的事情與工作量都會增加，而**多數人光是維持日常生活便已竭盡全力，自然不想把寶貴的心力花在這些「多餘」的事情上。**

此外，現在是日新月異的時代，只要連上網路，各式各樣的社群、嗜好皆任君挑選。這樣的時代雖然很好，但也代表我們無論何事都得更積極地蒐集情報，而新事物的迅速增加讓我們必須比以往更費心。

人們因此在不知不覺間累積疲倦感，才會依據他人傳遞的訊息與標準做

出選擇，來節省「思考」所耗費的力氣。

安全且物質充裕的現代社會，理論上應該適宜人居，但我們卻經常聽到「活得好累」這句話。箇中原因正是儘管省下了「思考」耗費的心力，卻因此讓「他人思考」造成我們的內心負擔。

過去曾擔任自衛隊員、加上曾以臨床心理師身分長期接觸自衛隊的經驗告訴我，肉體上的疲勞可以在訓練過程中逐漸習慣，也容易恢復，但精神上的心力損耗則非常嚴重，不僅無法從外在觀察，當事人也難以自覺，應付起來十分棘手。

自衛隊員在訓練與進行任務的過程中，無法隨心所欲地休息、如廁、進食，因此當生理需求得到照顧，心理便能獲得巨大的滿足感。

自衛隊便是以這種方式鍛鍊身心，培養生存所需的韌性。而當自衛隊內部引進電腦時，自衛隊員得消耗相當程度的心力來學習、適應新事物。面臨前所未見的壓力時，心理不適的人也隨之大幅增加。這樣的心力耗損並非疼痛或生活不便所造成的，而是源於自身與他人都難以察覺的心理壓力。

另一方面，**人們也得耗費大量心力來維護人際關係**，卻難以從中獲得滿足感。換言之，光是日常生活就會在無意間耗費心力。

現代生活對人的消磨，比以往任何一個時代都來得多，許多人都想要節省力氣，因此配合他人、小心留意周遭、不讓自己變得特立獨行，以別人為基準點來減少自我思考的「他人思考」，在現代社會中越發盛行。

然而，勞神費心配合別人而活，反而更容易心理疲乏。

敏感也是一種自我防衛

難道對於別人的言行舉止十分敏感是壞事嗎？絕非如此，因為敏感也是一種自我防衛機制。

但是敏感並不是每次都能發揮效果。**過度敏感容易演變為「他人思考」，不僅沒有必要，同時還會帶來壞處。**

比方說，因為小孩必須獲得父母的愛才能存活，能否獲得家長庇護是攸關生死的重要關鍵，因此小孩往往會將父母說的話牢記在心，當長大成人後，父母曾經說過的話有時會因此內化為自我思考的一部分。

在我為自衛隊員進行輔導諮商的案例中，許多心理不適、特別是憂鬱症患者都曾提到自己「沒有獲得父母的肯定」。

成長過程會讓我們接觸到許多人，無論是學校或是出社會之後，只要在「與人相處」的過程中受了傷，我們就會展開自我防衛，避免再次受到傷害，同時藉此優化自我的運作機制。

自我防衛會從習慣逐漸轉為下意識的行為。從這個角度來說，敏感特質確實是保護自己的重要機能；但當敏感變成下意識反應後，有時反而會形成過多壓力，而對自身有害。

換言之，**他人思考與「至今經歷過的危機與不快感」大有關係**。

一樣是對於聲音敏感的人，有些人是因為從小在安靜的地方長大，不適應嘈雜聲響，所以才會反應過度；有些人則是因為曾在危險環境中有過非常不愉快的經驗，造成他對聲音的敏感。前者只要習慣就能解決，不構成太大的問題；但是後者則不然，當敏感與恐懼、危機感有所連結，就必須想辦法解決了。

像是若曾經在震災現場面臨生死交關，日後即使遇上震度一、二級的輕微搖晃也會極為不安，這便是因為過往的經歷導致內心產生「地震好可怕、好難受、好危險」的想法，才會對於相關事物特別敏感，催促自己採取應變。

雖然每個人的感受不同，但可以將敏感反應視為經歷不愉快、痛苦、難過後，自我心理補強的一種保護機制。

過度敏感有時確實會造成不愉快，但不能因此斷定敏感是我們不需要的東西。敏感是非常重要的機制，一旦失去敏銳感受的保護，難保我們不會反覆嘗到同種痛苦滋味、犯下同樣的過錯。

敏感特質是一種自我保護機制，也可以說是防止產生難過、痛苦情緒的煞車。

每個人的生命歷程不盡相同，各自擁有不同的經驗，因此形成了不同的敏感弱點。為了保護自己的弱點，我們才會與他人發生摩擦。

感到痛苦是因為違反「既定印象」

既定印象會經由不同的過程，在我們的心中逐漸紮根。

在此與各位分享一個我時常在課程中分享的有趣故事，聽完就會知道社會給予我們的既定印象有多強烈。

「有一位有口皆碑的外科名醫，

某天遇到一名被緊急送來的兒童患者，

同時有位自稱是患者父親的人陪在一旁。

醫師一看見那個孩子便震驚不已，

因為那竟然是醫師自己的孩子。」

你的腦中會浮現出什麼畫面呢？無法不去在意醫師、孩子和陪在一旁的男性三人之間的關係吧？

通常大家會七嘴八舌地回答，「陪在旁邊的男人只是剛好發現小孩倒在路邊，其實兩人之間沒有關係，」或者是更戲劇化的答案，「小孩是醫師和前妻所生，陪同就醫的男人是繼父。」

答案是：醫師和小孩是「母子」關係，他們只是普通的三人小家庭。

聽故事的人往往會先入為主地認為醫師一定是男性，所以才會絞盡腦汁編出合理解釋，「既然有兩個爸爸，他們之間的關係可能是……。」

過去的醫師性別比例常是男性多於女性；雖然現代不盡然如此，但是多數人只要聽到「醫師」，就會預設是男性。如果是「外科名醫」，那就更容易斷定為男性了。

既定印象使得看法大不相同

「既定印象」是普遍的社會觀念與逐漸被自己內化為「理所當然」的事。既定印象越是強烈，當遇見與自己不同的想法時，就越容易產生反彈。

根據我們的成長環境、經驗累積，以及過去遭遇不安、痛苦的不同，刺激我們產生反彈的事物也隨之不同。

過往的諮商個案中，許多人在我看來都十分優秀完美。有人智商超過一百三十，卻還是認為自己頭腦不好；有人把家事、孩子都照料得妥妥當當，工作也盡善盡美，最後卻因耗盡自身心力而陷入憂鬱；有人能在芭蕾舞、花式溜冰等項目屢次奪得佳績，卻因教練一句「再瘦一點比較好」而導致進食障礙。在我看來，他們非常優秀耀眼，卻因別人的評價而活得如此疲憊。

也有些人缺乏自信，總是在人際關係中鑽牛角尖，容易過度臆測他人想法，即便實際上並非如此，卻總認為「別人心裡是不是這樣想？」因而越發敏感。認為自己看見的情況就是全貌，而缺乏側面觀察與推敲內情的想像力。

容易引發先入為主的想法，其形成原因有：

・周遭環境
・痛苦、不愉快、困擾的經驗
・自我投射或偏見
・因為經驗不足產生的偏差見解
・父母或社會灌輸的想法

而你又是受到哪些影響，才成為「他人思考」的人呢？

別讓他人與各種資訊把你耍得團團轉

無論日常生活中聽到什麼資訊，不妨採取這種角度思考：「的確可能這樣，但或許也有別種可能。我應該能利用某種方式運用這項資訊吧。」如此一來，也許會發現自己能夠從中學習、善加利用的要素。

面對各種資訊時切忌囫圇吞棗，更不要以自己的想法隨意接受或否決；應該加以篩選，辨別這項資訊是否必要。掌握情況，而非受到情況操弄。

「這條消息沒有錯」、「必須遵從這項指示行動」、「假如無法照做，我就是沒用的人」這種思考方式容易令人感到沮喪；若是認為「傳達這種消息的人真是垃圾」、「太不像話了」，也一樣會因此生悶氣，最終還是被別人、被各種資訊耍得團團轉。

受到他人思考的影響，讓你沒辦法把這些寶貴的時間用在自我成長上，這樣太可惜了。

沒有必要遵循任何一個人的說法，也不必相信誰說的話就是百分之百的正確。即使別人的想法與自己不同，那也只是他的想法，不必加以貶低，也沒有必要生氣。至於**自己能夠從中掌握什麼訊息、如何行動，才是重點所在。**

假如無法釐清這點，就代表你與他人互動的時候還無法管控五花八門的資訊，而這正是你受到別人左右的證據。

第二章會說明為何有些人會「為了當別人眼中的好人而受人影響」。了解這點，就能理解現在的自己處於什麼狀態。做好充分的暖身、準備轉換為自我思考，讓自己輕鬆生活吧！

▼專欄

將敏感變成才華的人

有些人看似十全十美，但實際上，這些人也具有弱點。**說到底，每個人的弱點各有不同，正因為我們能夠互補弱點，社會才能順利運作。**

公司或團體中總是有不常發言、只一味接受別人意見的人存在。乍看之下好像總是贊成眾人意見，但假如詢問他們該如何執行，卻也說不出個所以然。總是積極表達意見的人雖然囉嗦，不過要是向他們徵詢意見，他們都能明確告知「我覺得這麼做比較好」。團隊中若是有個自我主張強烈的人，凡事都較容易有所進展，對於統整團隊意見的人來說，有時候這種人真是幫了大忙。

但即便是一流的面試官，也絕對不會一味錄用習於擔任領導者的職員。被動消極的人也擁有不引起騷動、穩定周遭氣氛的優點，而有些職位正需要這種特質。

換個狀況、換個環境，你心目中的缺點也可能變成優點。重要的是，不要自己單方面把可能變成優點的特質否定掉了。

試著思考不同的特質如何在社會中發揮所長，同時積極面對自身弱點，才是真正重要的事。

敏感的人面對不愉快感受的表現，有時也會發展成獨到的特質與才華。

例如自閉症患者對於特定事物的敏銳與講究、或是對特定事物的執著，有可能發展為超人的記憶力、創作獨樹一格的藝術品，成為世人眼中的天才。

像是「超現實主義」的西班牙畫家達利（Salvador Dali），據說他對於事物的認知、感受便與常人不同。敏感的人在社會上雖然活得辛苦，卻證明了只要找到合適的位置發揮所長，敏感特質也是能活用的一種才華。

不只達利，像是愛因斯坦（Albert Einstein）、畢卡索（Pablo Picasso）、梵谷（Vincent van Gogh），甚至太宰治也都屬於敏感類型的人。

敏感雖然讓人活得如此疲憊，但是沒有刺激的世界是不存在的，不必與人來往就能活下去的世界也不存在。

敏感本身不是壞事，端看你如何加以運用。

透過美術、藝文、演奏、作曲等藝術活動，敏感者得以舒緩壓力。當生活痛苦得令人難以忍受時，該如何表達這種苦楚？雖然完成作品之後痛苦暫時緩解，但他們時時刻刻都在與不愉快對抗。

別以為這些人能夠躋身為成功藝術家並因此名利雙收，就一定會很幸福；事實上完全沒有這回事。無論你我或者藝術天才都一樣，每個人都是一路從痛苦與不快的感受中走過來的。要說有什麼不同，應該就是如何在生活當中**找到與自身特質相處的方法**吧。

肯定自己的敏感，就是你能跨出的第一步。

第二章

為什麼會得「好人病」

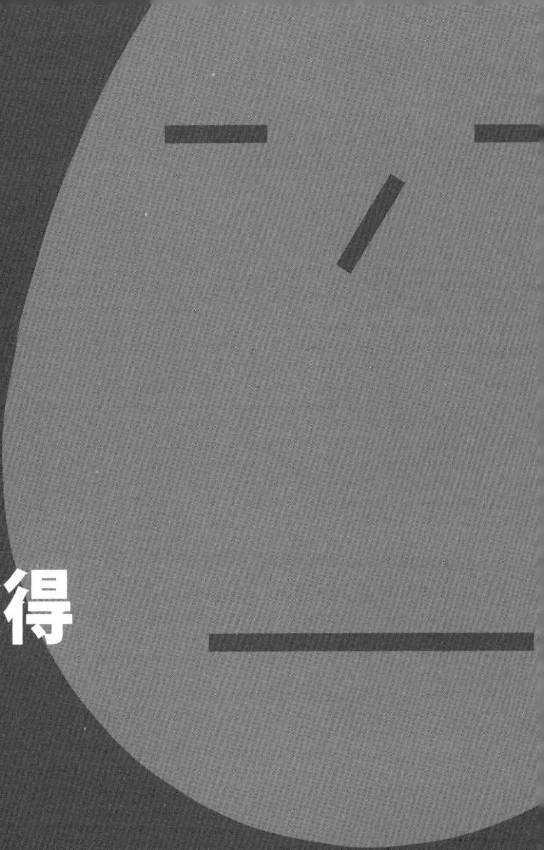

「只想當個好人」最煎熬

提到「好人」，一般人腦中浮現的會是「對大家都很好」、「不會拒絕別人請求」的印象。

能為別人著想當然很好，**但是你有沒有好好照顧自己呢？是不是過於勉強自己當個好人，反而因此感到難受？**

例如朋友揪團聚會時，明明累得只想躺下休息，卻還是勉強自己赴約。但是，勉強自己配合，卻往往會因此單方面產生「為對方做這件事」的感覺。

長期下來，疲憊感會壓得你喘不過氣，心裡想著「我都為你做這麼多

為人著想，內心卻感到不滿

了」、「為什麼你就是不能體諒我」，於是開始避開朋友，嚴重者還會因此厭惡對方。

隱藏在厭惡感背後的關鍵，便是第一章說明過的「他人思考」。

為了成為對方心目中的好人而採取行動，卻因此不斷折磨自己，對雙方來說都不是良好的正向關係。

令我驚訝的是，許多熱中於志工服務的人也會吐露心中的不滿：「我都犧牲跟家人相處的時間做這麼多了，為什麼還要碰到這種事啊！」讓人忍不住覺得不要做不就好了嗎……**實際上他們追求的是「能獲得眾人肯定」、「擁有一個可以容身的社交圈」，但在抱怨中忽略了這些收穫，只剩下反覆累積的不快與不滿，每天都過得很辛苦。**

為了當個好人而折磨自己可以說是一種「病」，而且若把它當成一種病，反而更好。

越是努力當好人，「一定要當個好人」的想法就越發強烈，不但會強化「他人思考」，凡事顧慮別人的敏感特質也會更加顯著。

當好意讓自己痛苦時便是種警訊

「單純的好人」幫助別人的時候，常常沒有發現自己也從中獲益，或者說沒有將這一點納入考慮，因此「我來幫你吧」的溫柔，反而變成自身的痛苦與不滿。

如果要戒掉當好人的習慣，就不能只以「對方怎麼想」作為標準。**當你意識到自己在這件事情上能有什麼好處時，心態就會有所改變。**只要做到這一點，你就不再「只是個好人」。

如此一來，即便事情發展不符期待，你也不會因此生氣、怪罪對方，或是因為不順利而產生罪惡感。

以自己能獲得什麼好處來思考

朋友邀約飯局，有時候對方一開口你就知道：「這是想找我吐苦水吧。」這時我就會一邊抱持著例行公事的心態陪朋友聊天，一邊打定主意只要自己能吃到美味料理、滿足口腹之欲就好。

打個比方，**就像我心裡同時存在天使和惡魔：天使懷抱傾聽朋友心事的使命感，希望能夠「減輕朋友的心理負擔」，惡魔心態則是「反正趁這個機會打好交情，對往後的工作有利，還可**

以讓人請客，賺到了！」

有時候不妨注意一下自己心裡精打細算的「惡魔」，隨時保持享受的心情。

精打細算不是壞事，能夠認清自己內心也會有這種想法才是最重要的。這表示你承認了自己的弱點，如此才能重獲自由，活出自己的特質。

即使是「施與受的關係」，雙方也能各有收穫，若沒有意識到這一點，自己便會越活越辛苦。不自覺地說出「我來幫你吧」，就是「單純的好人」的長期苦惱。

不當濫好人的第一步

別再當個「好人」了。
就做自己想做的事吧！

談起這個話題，一定會有人說：「不知道別人會怎麼看待我，我辦不到。」確實對於某些人來說，做自己喜歡的事反而會造成更大的精神負擔，**但這代表此人沒有「自我的根」**，因此才會受到他人影響。

人比較容易理解有明確結果的事物，因此只要試著去做自己喜歡的事，並有所成就，就能體會到自己確實是以自己的方式活著。無論優點缺點都是自己的一部分、無論何事都是只有自己才能完成的事，因此，請不要否定自己的缺點。

所謂「自我的根」，指的是接納自己的脆弱、失敗以及偏頗，將其視為發展自我個性的成長基礎，而「只想當個好人」的人往往都缺少這種根基。

只要環境適合自己，即便是思覺失調患者也可能成為藝術家，活用自己的特質，在特定領域發揮卓越才華。

無論是個人習慣、心理素質脆弱或是自身的失敗經驗，全部都是個人特質的一部分。

沒有完美無缺的人，也正因為帶著缺陷，所以才惹人憐愛。看似完美的人偶然跌了一跤，不僅能引人會心一笑，也會讓周遭氣氛更為和緩。

否定人性脆弱面的社會，會讓人們活得非常辛苦。過往曾將心理素質脆弱視為一種疾病，不僅否定人性的脆弱一面，更提倡「提早發現、提早治療」。

不過當「心理韌性」這個詞彙出現後，我們會說**「脆弱也沒有關係，接納自己的脆弱，並且思考如何進一步成長、發展下去才是重點」**。

先想想看，你是否已經接納自己的脆弱面呢？

培育自我意識

前陣子住飯店時，突然冒出了想要讀聖經的念頭，不過抽屜裡頭卻只放著佛經，也就順手拿起來讀了。

我的感想是，佛經與聖經傳達的概念非常相近：幸福不是為了尋求人生解答而刻苦修行，或是不假思索地純粹活著。**「透過經驗，認真面對自己的欲望、傲慢、骯髒」才是最重要的。**

除此之外，擁有屬於自己的信念，並且能夠憑著自己的意志做出選擇的「自我意識」也非常重要。

「我該如何在現代社會生存？」「我該蒐集什麼資訊並且加以利用？」

「我喜歡什麼事物？」所謂「以自己的方式生活」，就是能在上述問題中做出抉擇，並採取行動。

「中道」是佛教的核心教義，我想釋迦牟尼同時也是在教導我們如何在生命中追尋自己的道路，「真理就在自己心中，所以應該面對自我。」即使是宗教信仰也一樣，信仰的虔誠度、如何詮釋教義並運用，自己心裡都該有一把尺。

過度依賴別人做決定會失去平衡，但若成為「我只要有自己的想法就好，其他全都不需要」的無神論者，有時候眼界也會顯得太過狹隘。

不偏向任何一個極端，而是試著把所有好處、壞處都納入考量，專注思考自己想怎麼做、能怎麼做。

活出自我並不等於任性妄為。不是「管別人怎麼說，只要我高興就好」，而是在不傷害他人的前提下，思考自己能在社會中做些什麼、如何活用自己的特質。

心懷煩惱的人大都難以面對自己的弱點，認為暴露自己的脆弱十分丟臉，寧願逞強裝沒事，卻又因為現在的自己與理想有段差距感到苦惱不已。

接納自己的全部、肯定自己「這樣也沒問題」的人，才能成為活出自我。

試著把一個個弱點變成活下去的養分，「自我的根」也會隨之成長茁壯。

單純的好人總把自己當成「受害者」

有時「好人」會把自己當成受害者。「我被利用了」、「別人的行為讓我難受」。

之所以會產生這些感覺，是因為我們認定別人決定了我們的行為。「別人做了讓我難受的事」這種記憶將會牢牢印在腦中、久久不能忘懷，導致心情煩悶，反而無暇思考：為什麼會難過？該怎麼做才能平復心情？自己能夠掌控的部分又有哪些？

但是，**「別人讓我感到難受」的狀況，其實也是自己選擇的行動所導出的結果，這是不爭的事實。**

有人遇到同樣的場面會選擇不屑一顧，根本不當一回事，也有人會選擇告訴對方「不要這樣」，明確拒絕對方的行為。相較之下，自己只是單方面希望那個多嘴的傢伙「不要說這種讓人難過的話」，卻沒有採取任何行動，這種期待才是不合情理。

當對方做出令人難受的事情，可以採取的行動多不勝數：不再相約碰面、婉拒對方的主動邀約，就算碰巧待在同個場合，也能盡量避免與對方互動……。

所謂**「自我思考」指的是能夠自主掌控狀況的思考方式**。自己選擇、自己判斷，並付諸行動，無論結局好壞都由自己承擔，並讓整個過程成為進步的養分。

「我從這件事上得到哪些收穫？」像是對方的言行舉止為何讓自己難過、當下所能採取的行動，認真思考後也許便能找到「巧妙拒絕他人的方法」。

掌握自己的狀態

「問題在於我總是過於顧慮對方，明明自己已經忙不過來了卻還是接受對方的請求，不但搞得焦頭爛額，事後還會自我厭惡。下次應該好好告訴對方自己的狀況，並且試著拒絕看看。」

如此一來，討厭的人反而為我們上了寶貴一課。

遇到討厭的事、被人利用、覺得「別人讓我難受」時，其實多半都能找到解決方法。如果沒有從中得到收穫，就很難消化心中的悶悶不樂，也無法因此成長。

假如有人總說出讓你不舒服的話，你可以盡量避免與其交談，或者選擇性忽略交談內容。同時，社交場合中討人厭的也不會只有一個，有了這次經驗，你也學會了如何應對這種類型的人。這麼一來，討厭的人也成了你的貴人。

當你覺得「別人讓我難受」時，就代表你把手中的選擇權交給別人了。

擁有自我思考的人不會在意別人怎麼想

世上有這麼多人在意別人的目光、只想努力當「好人」，為何那些不在意的人能夠放下呢？

不在意他人目光的人往往擁有自己的信念，無論採取什麼行動，都以「自我」為思考主軸。

自我思考的人不以別人的評價以及別人的期待當作標準，他們能夠判斷自己想怎麼做、能做什麼，並且付諸實行。自我思考的人能夠有意識地篩選資訊，將需要與不需要的資訊分門別類，必要時也會武裝自己。

自我思考的人具備明確的信念與使命感，能夠訂立目標、尋找所需、採取行動、確定阻礙，以及排除阻礙。一旦信念明確，就沒必要在意他人目光了。同時，**自我思考的人往往意志堅定、不易動搖，因此也比較容易培養出自信心。**

也許有些人會認為「自信滿滿的人」太過於「高估自己的能力」，不過這類人即使面臨失敗與不快，一樣能夠坦然面對。從失敗經驗中培養出來的自信心，絕非自以為是的傲慢心態。

從按摩的過程中建立自我思考

想要成為不在意他人目光的人，必須保有自我，以自己為主軸思考：**「我想怎麼做？」「我能做什麼？」不為回應別人的期待或遵循別人的做法，而是建立自己的信念。**

假設要去給人按摩好了。

「按摩能夠稍微舒緩一天的疲勞，也能享受一下身心舒暢的時光。」如果心裡這麼想，那就算是以「自我思考」為出發點了。

但是許多人去按摩的時候卻是抱著「獲得解放」、「想被療癒」、「希望對方為我做點什麼」的模糊期待，反而容易因此失望。「沒有想像中舒服」、「那個師傅技術真差」、「我明明希望他這樣按的」，甚至也有人走出按摩店後，又接連走進好幾家店。

如果是從自我思考的角度出發，便能事先告訴師傅「請幫我這樣按」，也能判斷師傅是否確實做到自己的要求、效果如何，同時也能藉由本次經驗判斷下次該怎麼做比較好。

前陣子出差時預約了芳香精油按摩。一開始我抱持著「只要能藉著雙手的溫度讓身體暖和、放鬆緊繃的肌肉，讓我稍微休息充電一下就ＯＫ了」的心態，最後也的確滿足了我的要求，感到十分滿意。

沒有過多期待，自然就不會對於價格感到不滿。

其他事情也是一樣。**凡是自己做的決定，無論如何最終都得正面看待選擇的結果，這是非常重要的。**

若是以他人的角度思考，無論如何都會把注意力放在不足與不滿上。像是希望按摩時只要「把身心交給對方，就能神奇地達到理想的放鬆狀態」，不僅期待過高，一旦落空時也更為失望。

現實中沒有那種神奇魔法，無論是什麼樣的休閒娛樂，只不過是暫時的療癒，消愁解悶也是暫時的。

無論結果如何，決定支付這個金額、接受按摩服務的都是自己。與其尋求模糊籠統的療癒效果，不如專注於自己從中得到的收穫。

不少人在美髮沙龍被問到還有哪裡需要加強時，嘴上雖然回答「沒有」，內心卻不甚滿意。明明沒有告知需求，卻埋怨對方不符合自己的期待，這就是典型的他人思考。

對方沒有超能力，不可能知道你心裡期待什麼，除非清楚告知自己的需求，例如「再大力一點」、「這邊請用某某方式按」，對方才知道該怎麼做。而在表達需求前，首先要確實了解「自己期待的是什麼」、「自己有什麼感受」才行。

有意識地觀察周遭、蒐集必要資訊也是非常有效的方法。

「我現在是為了什麼而活？」首先必須認清自己的信念與目標，再來思考自己的所需，以及周遭的資訊。

當人際關係出現紛爭或不愉快時，不妨逐步思考：是否能把這個經驗轉換為自己成長的養分？無法排解時的下一步是什麼？透過自我思考，才是建立良好行動標準、不受他人影響的唯一途徑。

自我思考不等於自我中心

以自己為主體的思考方式，並不代表任意的我行我素。

自我思考，指的是自己判斷狀況、決定採取什麼行動，同時一邊想像結果一邊執行。無論結果如何，責任歸屬都在自己身上。

總是對事情發展抱著模糊籠統的期待，一旦不合己意就心懷不滿的他人思考，說起來才是真正的「自我中心」。

相對的，自我思考的人即便碰上意料之外的事，也能轉換角度：「沒想到事情會衍變為這樣，這種狀況下我能採取什麼行動呢？」

無論心中怎麼思考，都只存在於自己的內心世界；但將內心想法付諸實行時就必須小心，因為這會牽涉到他人。事前的推演是十分重要的，我們必須**想像自己的話語或行動將會對他人造成哪些影響，全盤考慮可能的後果，並在這個基礎上選擇自己「如何行動」**。

無論付諸行動或是維持原樣，選擇權全都掌握在自己手中，事後必須負擔的責任也是。

沒有人能夠憑空猜想你的內心想法。光是把想法憋在心裡，卻抱怨「對方沒有照著自己的意思做」，對自己一點好處也沒有。反過來說，若是無論結果如何，你都願意為自己的選擇負責，那就是你成長的契機。

讓失敗或不愉快的經驗刺激自己思考，想想「為什麼會發生這種事」、「該怎麼改善這種狀況」，從中理解「還有更好的做法、我也還有進步空間」，讓所有打擊、悔恨、羞愧全部變成自己進步的養分。

實際上該怎麼做呢？遇到下述狀況，**我會提出幾種假說。**

當自己的不足之處受到別人指摘時，像是某人批評我：「你回信速度太

自己的決定自己做

慢了」。首先我會思考，這個人是根據什麼來說我回信太慢？

仔細回想對方的信件內容，至今為止都是對方回信比較慢。既然如此，也許是我剛好沒有在同時段回信，才導致對方覺得回信速度太慢，或是對方覺得當時信中討論的內容事關重大，必須盡速回覆的關係。

試著推敲對方所謂「太慢」指的是時間點、還是太晚給予對方答覆。

藉由提出各種假說、自行查證，並且透過與對方的互動逐一進行實驗，得知「可能是這麼回事」後進行修正。不斷重覆這個過程，下次再遇上同樣的狀況，不但能採取令人心服的具體對策，同時也能增加合作夥伴對於自己的信任，帶來正面效果。

第三章裡，我將會具體介紹如何轉換成自我思考的十二項關鍵。

▼專欄

區分「顧慮」與「體貼」的不同

顧慮指的是「介意、擔心對方」，但是他人思考的人因為太過在意對方的反應，反而過於敏感。

「做事是否符合他人的期待？」
「行為上是否有失禮節？」
「不知道對方開不開心？」
「希望別人覺得我很能幹。」
「希望別人覺得我很認真。」

他人思考的人因為十分在意別人的評價，凡事皆全力以赴，在周遭的人看來也許是難得一見的好人。

但越是努力，心力耗損就越嚴重，往往把自己弄得更為疲憊。他們總以別人為優先、時常忍讓，或是總把想說的話憋在心裡，不但會給周遭的人一種「這人一定會幫忙」的印象，也會因此毫不客氣地加以利用，他人思考的人也就時常累得遍體鱗傷。

明明覺得是自己在顧慮別人，卻在不知不覺間受到他人的評價左右。

雖然「體貼」是與「顧慮」意思相近，但我認為兩者出發點不同：「體貼」是自我思考版本的「顧慮」。

同樣是為了對方著想，可以選擇保持適當距離，或者視情況伸出援手。**重點一樣擺在對方，不過思考改為以「自己想要」的體貼方式為出發點，主動出擊。**自己選擇且自己掌控，容易培養出獨立、自信的心態。

另一方面，幫助他人卻感到精神疲勞就是典型他人思考的症狀；正是因為容易受到他人評價左右，所以才容易疲憊。這麼看來，「體貼」與「顧慮」可是大不相同。

生活在現代社會當中的我們，雖然必須得為別人著想，但是沒有必要一味在意別人的評價與標準，因而產生動搖。

即便如此，仍有許多人會杞人憂天，擔心「如果事情演變成這樣該怎麼辦」，這些子虛烏有的想像令他們不安，行為也跟著受其影響。

第三章

不受
他人左右的
十二種思考方式

1 想想那些不在意他人看法的人

什麼樣的人才會不在意別人的看法呢？

首先無論好壞，這樣的人通常不太會把注意力放在別人身上，也可以說他們對於別人的感受比較遲鈍。

遲鈍常常給人一種「感覺不敏銳」、「不懂得察言觀色」的負面印象，不過反過來說也有優點：比起別人的看法，他們更容易**專注於自我、專心致志完成自己想做的事情**，也就是不在意別人的批判。從這層意義上思考，不在意別人看法的人比較不容易受到他人左右，是「自我思考」的人。

除了專注於自己想做的事情外，有時候他們也比較傾向以全盤的狀況來考量。這包括了人際關係、先後順序、話題走向等，能夠**隨著當下情況不同，以寬廣、客觀的眼光觀察事物**。

假設有足夠的想像力，進一步思考話語背後的原因、以及對方面臨的狀況，而不只是憑著對方說出的一句話就做出反應，就能減少對於別人的發言過度敏感。

反過來說，有些人並不擅長想像事件背後的隱情，或無法掌握整體情況，卻對細微的眼神游移、忽視，或是他人的臉色等狀況特別敏感。這種類型的人容易感到煩惱，而在工作來往中容易感到困擾的人大部分都能歸為此類，可以說是「他人思考」的人。

想像力不足或是偏向負面思考的人，容易將事情往惡意的方向解讀，如此一來便很難擺脫敏感的自己。

推測話語背後的可能原因與對方面臨的狀況

「真的是這麼回事嗎？」
「沒有其他可能性了嗎？」
「會不會是發生了什麼事，所以才會造成現在這個狀況？」

從不同角度訓練想像力是很重要的。

首先，不妨嘗試模仿不在意他人看法的人。如果身邊正好有人是這種類型，同時你也覺得「這個人看待事物的角度很寬廣」、「想像力很豐富」，不妨試著觀察他的言行舉止。

2 承認自己不完美

生活中總有許多「受人幫助」的事情，像是別人願意「給我工作機會」，或當我撥打電話時，電話另一端的人會「願意接聽」。這些都是受人幫助的經驗，讓我體會到自己是在眾人幫助之下生存的。**懷著這種想法，自然而然便會產生感謝之情**。萬一沒有工作，自然就會身無分文，因此能夠獲得不同的工作邀約，是生命中非常難能可貴的事。

試著回想自己「受人幫助」的經驗。對於工作感到厭倦的人也許會說「為了生活還是得做」，不過請別一味挑毛病與發牢騷，而是**試著找出工作的正面意義**，例如「從事這份工作的好處，是能讓我完成某事」，也許會**更能感**

到工作的樂趣。即使是為錢工作也能有感而發：「我能穩定工作、沒被開除，真是值得慶幸。」

要達到這個目標，**不追求完美是十分重要的**。

- 碰到不拿手的事情便不敢面對
- 自己也有著「逞強」、「虛張聲勢」的一面
- 無法包容別人做不好的地方

即使具有這些弱點也沒關係，只要配合現況思考「現在的我能做什麼」就好。

但說起來容易，實際卻不容易做到。

我曾經遇過一位女性個案，過去她在工作時，每天一大早就完成洗衣、打掃等家務再出門上班；下班後孩子也回家了，她便全心全意照顧孩子、監

督功課。等到半夜全家人都睡了，她又開始準備明日的便當食材，為了讓孩子在學校吃得開心而一直忙碌到深夜，隔天再早起將便當完成。

怎麼想都覺得太逞強了，但她本人卻沒有意識到這一點。在我看來，無法放鬆休息就是她的弱點。**因為無法接受自己的弱點，所以才會一心想著「我必須更努力才行」**。

由於丈夫在外地工作，夫妻分居兩地，因此她想獨自擔起職員、母親、父親三種角色。來到公司，為了不被同事嫌棄而完美地做好所有工作；回到家裡，她想要完成為人父母的職責，卻累得精疲力盡，無法做出滿意的晚餐。身心耐不住無止盡逞強的她開始覺得「好想死」，因此來找我諮商。

首先，我請她記錄自己一整天的行程，讓她注意到自己「閒不下來」。同時，我也向她的家人說明，請家人讓她在家時也好好休息。

這是為了讓她正視自己對於「停下腳步」的不安與焦慮，注意到自己無法放鬆休息的弱點。

像這樣**一點一滴了解自己、逐漸接受自己的弱點，並且習慣接受別人的幫助，感謝之情就會在心中慢慢萌芽。**

全盤接受自己的弱點並不簡單。但是接受弱點之後，無論對於自己或他人都能不再要求完美，不僅活得更輕鬆，也會成為能夠心懷感謝之人。

3 不讓自己得到「過度體貼」的病

聽見陷入憂鬱狀態、或是遭受打擊而失去動力的人談起心路歷程，我總覺得這是「過度體貼」的病，或者是「頭腦太好」的病。凡事以對方或周遭的人為優先，把自己的需求擺在第二位，這就是「過度體貼」的病。

他們下意識注意別人的狀況，簡直到了過剩的地步。總是心想「這個人和那個人現在好像都很辛苦，我一定得更努力才行」，於是積極地處理任何事，但由於過度勉強自己做能力以外的事，才會導致身心俱疲。

前來諮商的個案當中也不乏成績名列前茅、擁有高學歷的人。他們有能力綜觀全局，因此總是為了改善現況不遺餘力。

但**總有些事情單憑自己一個人是無力回天的**，加上**他們凡事總是隱忍在心，把該說的話往肚裡吞**，無法採取任何行動，卻只能不停地耗損自己，讓他們開始覺得自己毫無用處，於是逐漸發展成憂鬱症狀。

有些女性明明已經累得精疲力盡，卻說著「要是我不努力做飯，孩子就沒東西吃了」，也是類似的情形。

即使建議她們「把錢拿給孩子，他們就會自己去買東西吃了」，她們也會認為：「這樣不好，小朋友會營養不均衡……」，而無法妥協。

這類型的人不但懂得自己查詢食品營養的相關知識，同時也會努力親身實踐，其實是非常聰明的人。

另外有些案例則是由於創傷經驗、或是對於將來可能發生的事過度焦慮等，在兩、三種因素同時作用之下，導致他們失去動力。

無論是上述哪種狀況，**只要釐清「現在自己能做的事」，就能找到解決的線索。**

4

面對無法改變的現實

容易煩惱、消沉的人，通常也容易覺得自己「這個也做不好、那個也做不好」，對於無法做到的事特別敏感。

期待什麼都不做就能改善現狀，或是希望找到能完全逃離討厭狀況的方法，也是容易陷入煩惱的特徵之一。

當自己想做的事、懷抱的期望與現實之間有所落差，煩惱便因此產生。

無論是什麼狀況，**首先要承認「沒辦法，這就是我」，而不是否定自己，**這才是改善的起點。認清現狀之後再來思考：「接下來該怎麼辦？」、「我能做什麼？」

「職場上有個我很不擅長應付的同事。大家一起閒聊時，我不想跟那個人待在一起、配合他們聊天；但又擔心不在場的人會成為大家的話柄，所以不敢離席，因此感到十分困擾。」

如果心裡有這種煩惱，首先必須認清現狀：「我對於無法改變的現實感到煩惱，而且又猶疑不定。」

這一點也不難解決。**你可以試著把現狀寫在紙上，或者趁洗澡時自言自語說出來。**接著先肯定自己的弱點，告訴自己「有弱點是很正常的」，再去思考「我想要怎麼做」。

試著釐清自己紛亂如麻的內心，思考看看：

「自己最渴望的是什麼？」

「為了達到這個目標，我可以採取哪些行動？」

「為什麼辦不到？」

先承認自己
做不到……
自己最渴望的是什麼？
該如何達到這個目標？
為什麼辦不到？
該如何才能辦到？
能夠完成哪件事？
把能做的事
細分到可以
行動的等級！

認清自己的弱點

「該如何才能辦到？」

「怎麼做比較好？」

逐一向自己提問，並將每項問題的答案細分到能夠採取行動的等級。透過這種方式，我們就可以**將「煩惱」轉換為「思考」**。

心懷煩惱而向我尋求協助的人，多數都會說「我好想逃跑」、「不知道該怎麼辦」。之所以這麼說，是因為他們內心希望「有人可以代替自己解決這件事」，但是沒有人有辦法像變魔術一樣改變現狀。

所以不要在原地煩惱，而是透過思考讓自己擁有採取行動的能力。為了達到這個目標，首先要了解「我有什麼感覺、排斥什麼」，從理解「我想怎麼做」開始。

透過這些步驟，對於無法做到的事特別敏感的人，就能逐漸將焦點轉移到「自己想做什麼、能做什麼」上面。

5

讓負能量幫助自己成長

什麼樣的思考方式，才能讓自己活得更自在一點？

重點在於，**不要忽視內心的煩躁不安。**之所以會感到難受，是因為你對於某些事物特別敏感，內心覺得「不想耗費心力」、「想受到尊重」、「應該要這麼做」，而產生煩躁。但首先，我們得找出引發煩躁感的敏感點。

試著以其他活動消除煩躁感也無妨，你可以多多安排活動、出外旅遊，讓自己恢復精神。

但是，如果沒有留點時間徹底面對討厭的現實，遲早會為了同樣的事情在內心累積挫折。因此，留給自己一點時間，正視自己的痛苦，也很重要。

試著思考「為什麼我現在會感到煩躁」？一旦了解「啊，這份煩躁感原來是這麼回事」，心情就會一下子舒暢起來，就像堵塞的水逐漸流掉一樣。

就像是紅茶杯底溶不掉的方糖，不去攪拌，就會一直堆積在杯底。而解決煩躁也是同個道理，試著問問自己「為什麼情緒低落、為什麼很煩？」找出原因，就能慢慢溶解內心這塊名為「煩躁」的方糖，把這杯紅茶變成自己喜歡的味道。

請用這種方式，把情緒低落與焦躁感等負面能量，一一轉變成新的養分吧。

當你能夠妥善處理不愉快的感受後，你會發現引發自己負面情緒的事也越來越少。嚴格來說，是不開心的時間縮短了。

現在的我甚至覺得，如果沒有意識到自己正處於負面情緒，因此錯過自我成長的機會，這樣就太可惜了。

6

從「想做」到實際行動

是不是有些事情明明「想做」，卻遲遲沒有動作？
如果想做，就不要只是想而已，先決定自己到底「要做」還是「不做」。
決定了這一點，你就能實際感受到自己的變化。
先從做到下列三個步驟開始：

1 想完成的目標是什麼？
2 現在是否有能力辦到？
3 如果想做也有能力辦到，實際上該如何執行？

遇到「想做」的事，許多人只停留在煩惱這一步，不過只要遵循下列三個步驟，你也能把「想做」的事變成「實際能做到」的事。

「想做卻沒有行動」其實跟下定決心不要改變是一樣的，也就是不想耗費任何心力的意思。

而在要做或不做之間，還有一個「現在暫時不做」的選項，也就是猶豫不前的人，幾乎都屬於這種狀態。

如果明確知道自己為什麼會選擇「現在暫時不做」，雖然難免會因為「自己沒有採取行動」而產生罪惡感，但也不是問題。

只要確定現在不想做，可以把它分類在「現在不做，未來可能會做」的類別，或在「做與不做」之外再多分出一個「不知道」的選項也沒關係。**但若決定要做，至少要試著做一件讓自己更接近目標的事情，無論多麼微不足道的小事都好。**

想考證照，那就開始念書準備考試。如果要求自己念書有點困難，那就

決定「要做」就要採取行動，即使是一小步也好

去報名函授課程，或者光是告訴某人「我想考取證照」也可以。

無論什麼事情都好，一旦繳了學費，不認真準備就太浪費了，就算只是讓朋友知道這件事，不認真讀書的自己不就成了說話不算話的人嗎？實際採取行動、截斷自己的退路，對於增加學習動力也有幫助。

至於實際行動後能否成功，還得靠一點運氣，所以無論成功也好、失敗也罷，都別太過在意。

總而言之，先決定自己要做還是不做，決定之後，就能把「想做」的事變成「動手做」的事，至少也能著手進行相關準備。不如就從這一步開始吧！

7 在生活中實踐「現在能做的事」

容易受左右的人常這麼說：

「只是去山上採蘑菇，結果卻害我食物中毒……我再也不去採蘑菇了。」

「待在海邊都能被水母螫到？我這輩子再也不要去海邊游泳了。」

像這樣限制自身行動的想法，換到職場上就有可能造成人際關係或工作問題。

如果無論如何都想吃蘑菇，大可仔細調查資料，弄清楚「吃哪些蘑菇才安全」，就算受人邀請一起去採蘑菇，也可以選擇不食用。

如果熱愛大海，現在就想到海邊玩，只要查清楚哪一帶有水母出沒就好，如果喜歡游泳，也可以選擇去游泳池，而不是放棄游泳。

自我設限會讓自己的選擇範圍越來越狹隘，反而限制了真正的自由。

請別再「擔憂未來、悲嘆過去」，應該試著去感受「此時此刻」，思考身在此地的自己是什麼樣的狀態：「我現在想做什麼？」、「我現在能做什麼？」

我有一陣子也相當煩惱，像我這樣曾經遭到霸凌、因憂鬱症入院的人，真的能成為臨床心理師嗎？我想是過去的記憶留在心中，成為我的弱點。但最後我還是成為了臨床心理師。那麼，現在的我會因為過往經驗而對別人造成負面影響嗎？也許這反而是正面影響也不一定。既然現在的我能活得如此坦然，現在的你一定也能做到許多事情。

有些人一旦經歷過「陷入憂鬱狀態的自己」，總會擔心「萬一又惡化了怎麼辦」、「我是不是沒把工作做好」、「是不是又像以前一樣白忙一場」。

但是，現在的你每天都能待在公司，回覆他人的提問，也能完成自己能力所及的工作量。**每個當下，都存在著唯有你能做出的貢獻。**

如果老是忽視自己已經完成的貢獻，就算能做到的事也會變得做不到。同時，為了自己的脆弱、敏感、不安而慌張驚慌失措，也完全沒有必要，只要認清自己現在的狀態，做好能力所及的事就可以了。

8 轉移焦點是好方法

如果發生了令你耿耿於懷的事，刻意轉移焦點也是個好方法。

「對向車道走來認識的人，雖然我揮了揮手，對方卻什麼反應也沒有。」

只看這一瞬間，也許你會覺得對方故意裝作不認識。

如果試著觀察對方的整體狀況又會如何呢？

憑著對方的行為、表情，也許可以推測：「他好像身體狀況不太好，是不是沒有餘力注意周遭狀況？」、「可能只是單純沒看到我而已？」

試著轉移焦點

另外，也可以試著把焦點轉移到自己身上：「平常完全不會在意這種小事，今天可能是我太累了。」換個角度觀察環境則會發現，可能是自己剛好站在陰暗處，對方看不清楚臉的緣故。

嘗試反覆轉移焦點有助於刺激想像力，也能注意到其他可能性。

事情真如自己所想嗎？或者純粹是自己想太多才產生不愉快？只要培養良好的

判斷能力，就能輕易擺脫「我被討厭了」、「他故意忽視我」的猜想，不被自己虛構的不安情緒操弄。

9 不開心的經驗也很有幫助

如果發生了不開心的事，請好好看清楚後續事態的發展。

過去我在處理危機事故壓力的工作中，接觸到許多受害者，他們分別遭遇過筆墨難以形容的痛苦經驗。隨著看待自己過去、未來的角度不同，他們的發展也大不相同。

其中有人全家都被地震引發的海嘯捲走，獲救後唯有孩子不知去向，最後只找回遺體，並為孩子舉辦了葬禮，心裡想必悲慟萬分，難過得無法承受；但他還是為了復興災區費盡心力，只為幫助別人堅強地活下去。藉由正向面對失去孩子的悲痛，**堅定地將此化為力量，用以幫助他人。**

在相處過程中，這群背負痛苦經歷的人們教會我，必須**正視自己的遭遇，並且充分意識到自己「儘管如此也要活下去」的重要性。**除了能夠認清自我之外，對於生命也有著更為深刻的體會。

「當時周遭的狀況都差不多，我也無能為力。那現在的我能做些什麼？」

許多人抱持這種想法，決定成為震災經驗的傳述者，將自己見證的一切流傳後世。「雖然非常難過，不知道該怎麼活下去，但是我不想就這樣等死，而是希望能為別人做點什麼。」這就是他們找到的答案。

「為了長長久久地把經驗傳述下去，必須保持身體健康、預防疾病。」有些人抱持著這個理念，在災民當中推廣健康體操運動。

「為了講述當時的事件經過、告訴大家往後該注意哪些事情，我們要好好活在當下。」這是他們的一致結論。

不要一味想著「如果沒發生那種事該有多好」，而是換個角度思考：「正是因為當時發生了那種事……」透過這種方式逐漸釐清現在自己能力所及，並且找到答案：「我想以這種方式活下去，決定要這麼做。」

完全無法預見未來的發展、猝不及防的事情總是令人懼怕。**如果能拼湊出自己的故事，了解到「現在的自己是由過往經歷堆疊而成」，未來也會朦朧朧地浮現出來。**

受到重大打擊後要面對未來，就像是獨自身處一片黑暗、腦中浮現「說不定旁邊就是懸崖，一旦踩空便會跌落谷底」的想法，實在很難邁步前進。

但如果一路走來都沒什麼問題，只是走到這裡時才突然陷入一片漆黑，你還是能想像前方，也能推測未來可能發生什麼狀況。只要正視過去，就能重新認知到前方「有路可行」，也能重拾面對未來的信心。

建立信心之後，我們再來思考自己能從中學到什麼，之後會想做些什麼。

儘管過往曾經非常晦澀，但此時此刻，你仍然好好活著。意識到這件事後，心中對於未來也會有個底。

萬一為此深受打擊、無法振作，那就抱著膝蓋坐在原地也無妨，甚至手忙腳亂地向人求救也沒有關係。但是只憑著一句「沒問題」就不再思考、帶著空泛的期待往前走，反而有可能跌進坑洞裡。

看不見前路的時候，必須伸手探索，嘗試觸摸眼前的地面，再決定自己要不要往前走。有時候不安或難受的記憶也能幫你一把，請把這件事情牢記在心。

10 徹底了解事件的全貌

我個人非常排斥恐怖片，絕對不會主動觀看，不過家人在看的時候難免會不小心瞄到幾眼。

偏偏就是會在這種時候瞄到特別駭人或惹人反感的片段，如果立刻移開目光，駭人的印象便會變得特別鮮明，印在腦海裡揮之不去。

但是恐怖片的驚悚場面也只占部分，電影本身一樣有故事、有主旨，也有作者想表達的核心理念。試著深入了解故事背後希望傳達的訊息，便能沖淡心中對於電影本身的恐懼。所以若不小心看到恐怖的片段，我會盡量把全片看完。

舉例來說，看到野狼啃食兔子的場景當然會覺得很血腥，但是如果前面的故事是這樣呢？

「因為受傷而瀕臨死亡的兔子，看見一匹飢餓難耐的野狼緩緩走來。知道自己壽命將盡的兔子決定在生命的最後一刻為世界做出一點貢獻，於是要求野狼吃了自己。野狼聽了這番話後，決定迅速了結兔子的生命，不讓牠受到太多痛苦，最終帶著敬意吃下兔子。」

這是不是和一開始的印象完全不同？

「野狼啃食兔子」的場景十分血腥，但也不要一被嚇到就關電視，說不定看到最後就會發現野狼遇見兔子後是如何學會愛與慈悲，也能理解作者的創作初衷。無論如何，**不被片段的資訊誤導、能夠在了解事件全貌之後從中學習，並且活用經驗**，才是值得推薦的做法。

看見事情的全貌，了解片段的涵義

處理兒時創傷也是同樣的道理，若把討厭的記憶封閉在心裡，痛苦就會像被急速冷凍一樣鎖在原處，持續產生負面影響。

國小時受到傷害的經驗也曾讓我痛苦不已，也是透過心理諮商的協助，我才能正視這段經歷。

雖然面對傷痛時非常難熬，但正因如此，我才能學到創傷後壓力症候群的相關知識，並且走上心理諮商這條路，開始了解加害者與被害者的心理。回顧一路走來的歷程，**對我來說，傷痛經驗最終帶來了皆大歡喜的圓滿結局。**

若是以恐怖片來譬喻，就像看完電影後，說不定你會注意到導演天馬行空的創造力和獨特觀點，也可能發現「原來這部電影是在控訴環境問題」啊。

不要只看到一部分資訊就嚇壞自己。試著看清事情的全貌，從中解讀那個片段代表的涵義，這才是最重要的。

11 選擇性忽略別人的看法

看似不在意別人看法的人，有時候是有意識地武裝自己。自我武裝的人即便發現別人與自己意見不同，也有方法讓自己不受他人影響，或看似毫不在意。這種情況大致可以分為以下三類：

1 權威武裝：利用自己的地位、階級，或以豐富的知識凌駕對方。

2 弱小武裝：假裝自己不知道、做不到。

3 忽視武裝：直接忽略對方的所有資訊。

依照不同對象與不同情況，採取不同的武裝方式，也是一種避免受到他人影響的手段。

「不在意別人的看法」並非與生俱來的特質。

雖然沒有人可以完全不在意別人的看法，但其實許多人早已在有意無意間學會「選擇性忽略」這一招。

能夠篩選別人傳遞的訊息，只蒐集自己所需的資訊，並將沒有必要知道的消息一一捨棄，這就是不在意他人看法的做法。

雖然捨棄掉部分訊息，但不代表那些是錯誤的資訊、也不需要強迫自己忘記，只是純粹將注意力轉移到更重要的事物。舉例而言，我更在意的是「自己現在想做什麼、又有能力做到什麼」，而不是別人對我的看法。

但是感覺敏銳也沒有什麼不好。如果因為犯錯而需要自我反省，這時就可以試著想像對方的心情，思考下次必須如何改善：「我這樣做不對，以後嘗試別種做法吧。」

前文曾經提到，反應遲鈍的人比較不受別人的看法影響，這裡也可以解釋為「遲鈍力」就是篩選資訊的能力。

如果完全不管別人、只遵循自己心中的既定想法，詮釋事物的觀點可能會過於僵化；但若是過度依賴別人的看法，也會因此喪生自主思考的能力。

因此，學會如何切換**「站在別人的立場思考」**與**「不在意別人的看法」**，就是一件重要課題。

12 試著想像比最壞的結果再糟一倍的可能

假設你花費心思想給戀人一個求婚驚喜，那一定是確信對方會答應才這麼做；萬一求婚時遭到拒絕，這種意料之外的打擊大概會讓你從此不再相信任何人。這例子聽起來極端，但並非不可能發生，而之所以會有這種問題，原因之一可能是設想不夠周全。

凡事皆無例外，沒有人能夠保證事情百分之百順利。如果擔心遇見最差的結局，**最好先預設比最差結局再糟糕一倍的「地獄級結局」**。

打算結婚的時候，不妨設想對方是詐欺犯，或者已有妻小。為了避免慘況發生，你的行動也會更加謹慎，例如「多留一些時間好好觀察」、「更謹慎地調查看看」、「不了解或者擔心的事，都向對方詢問清楚」。

從過往經驗中學到教訓，不僅能夠提升內涵、拯救自己，同時還有能力對相同煩惱的人伸出援手。覺得上述假設看起來很誇張嗎？但那是我的親身經驗。我在人生最低潮時邂逅了一位男性，結果他不僅是婚姻詐欺慣犯、已經有了家庭，而且還背有殺人罪嫌……這樣看來，有時候極端的假設還是有其必要。

過往的糟糕經驗也可能為你帶來事業進展，我自己就是一個例子。雖然受到重大打擊，但這也促成我從事心理諮商工作，甚至出版書籍。所有經驗有助於事業發展，這也是現代社會的好處。

「無論遇到什麼事情都有值得學習之處」，採取這種心態後，就能擺脫隨時受到他人言行影響、事事顧慮他人，情緒也隨之起伏的慣性。你會更勇於實踐、凡事都想嘗試看看，並從結果中練習以「自我思考」的方式來規畫下一步行動。

重點在於仔細傾聽自己的感受，把注意力放在「我想怎麼做」，思考「現在該做什麼」、「能做什麼」。

第四章中，我會提供一些強化「自我思考」的小習慣。這些習慣一點都不難，不妨把它當成豐富日常生活的小技巧並善加運用。

▼專欄

提升行動力的竅門

別在採取行動前便害怕失敗，總而言之先做做看，然後再來判斷有沒有效果。

在剛起步時失敗恐怕是家常便飯；畢竟遇見這麼多人，可能會碰上不愉快的事，也有可能會受到傷害。但失敗經驗本身就是一種學習，請在這時發揮自我思考的精神，想想「我自己有什麼看法、想怎麼做」。凡事都是實驗，只要驗證結果，思考下一次該怎麼做就好。

過程中有可能會遇到不友善的人，也可能被別人無理取鬧的要求耍得團團轉。即使碰上這種人、遭受攻擊，這些事情也完全不影響你的本質；只要你認為「現在的我需要這個人」就沒有問題。世界上一定也有其他更願意熱心協助你的人，如果你覺得「我想去尋找這樣的人」，那不妨採取下一步行動。

以個人經驗來說，每個領域中越是頂尖的人，越是歡迎積極的後輩；他們樂於分享自己的經驗，人格特質也別具魅力。正因為我曾順應自己「想要更進一步鑽研心理學」的欲望，四處摸索嘗試，所以特別明白這個道理。

比起紙上談兵，不如實際行動、從失敗中學習。失敗經驗可以作為話題，並且藉此轉化為自信心。**累積越多失敗經驗，你就會越有自信。**

但若只在自己心裡設定目標，會很容易變動，所以向別人具體表明目標也是很重要的。當告訴別人時，不要說「我想成為這種人」，而是明確說出「我打算這麼做」。

如果希望別人提供協助，不妨試著這樣拜託對方，「我打算這麼做來達到目標，所以我要這樣，希望你能幫助我。」

第四章

利用小小的習慣
來內化
自我思考

重視「為什麼」

我曾經是陸上自衛隊的一員，雖然自衛隊的生活充滿了各種不便與辛勞，但是逐漸習慣這樣的生活後，也會一點一滴變得更堅強。

目前我的工作項目中，有一項是協助維護漁業取締船（編註：類似我國海巡署的巡防艦）船員的心理健康。漁業取締船負責守護海域安全、保護水產資源，但是「手機在船上接收不到訊號」這件事，對於許多年輕船員來說十分困擾。雖然「海上收不到手機訊號」是理所當然的，但是使用電腦、智慧型手機已經成為年輕船員的生活習慣，所以才會覺得不便。相較之下，同樣是在取締船上工作的資深船員，就只想集中注意力維護作業安全，根本不在乎。

自衛隊的訓練也一樣，每天完成分內任務，同時長期忍受疼痛、寒冷、炎熱、吵雜，藉此磨練出即便身處惡劣環境也能執勤的行動力。與不適感共處，並逐漸習慣它的存在，當身心適應之後，就會轉變為「在惡劣環境下生存」的自信。

但在職場上又如何呢？以腦力勞動為主的工作環境中，精神壓力比身體疲勞來得更為沉重，也更難察覺，一般人往往隨意敷衍自己的不愉快，或者視而不見。

即便是在與上司交談的過程中感受到「不愉快」，也請你好好正視自己的感覺。因為思考**「為什麼會產生這樣的感受」**是很重要的事。

不要敷衍自己、也不要隨意發怒，請你思考「該如何利用這份不愉快的心情」。是對什麼事情敏感才會覺得不愉快？這個經驗可以讓自己學到什麼？情緒越是強烈，就越能帶來深刻的洞察和收穫，尤其憤怒與悲傷的能量更是如此。

我十分欣賞細菌學家野口英世。野口博士小時候曾經燙傷，手指頭因此黏合在一起，無法分開。除了生活上諸多的不便之外，也曾為此飽受同儕欺凌。正是由於這段經歷，在他接受手術、修復手指的原有功能後，對於「醫療技術的偉大」才會更有感觸。野口博士是將受傷時的負面能量，轉變為未來開拓新發現的動力。

仔細思考敏感的自己有何感受、又能從中得到什麼，是對於自我本質的一種磨練。希望各位讀者多加探索自己的敏感。

善用靈感筆記

「他人思考」是非常棘手的習慣。例如「他這麼做是在故意找我麻煩」、「在他眼中我就是個沒用的人」，這些以別人為主軸的看法就是他人思考。

但是當事人恐怕難以察覺這一點，只有在發生了什麼不愉快的時候，才有機會發現自己正陷入他人思考。換句話說，不愉快的感受反而給了我們一個察覺的機會。

正因如此，**隨時察覺不愉快的感受，思考「為什麼」是很重要的。**

「為什麼」會這麼不愉快？「為什麼」這件事會耗費我這麼多的心力？

只要正視內心的騷動、緊張、憤怒、悲傷、脆弱等各式各樣的負面情緒，在日常生活中時時思考「為什麼會這樣」就可以了。

儘管當下無法給出答案，卻常會在事後的放鬆、散步時突然想通。這種靈光乍現的片刻時常會有，可惜也非常容易在領悟後瞬間忘記。

為了讓生活經驗徹底發揮價值，建議各位隨時把想到的事寫在筆記本上，避免自己忘記。這招叫做**「靈感筆記」**。

我的靈感筆記本只有口袋大小，再加一支筆，方便隨身攜帶，外出時可以一邊散步，一邊進行「五感練習」。

所謂的「五感練習」，是將注意力集中在視覺、聽覺、嗅覺、觸覺、味覺等外部感官，**體會先前不曾感受過的事物。優點是不受限於時間地點，隨時隨地都能進行。**

抬頭望向睽違已久的天空，感到身心舒暢，低頭看見葉片的可愛之處，會發現自己平常疏於關注的周遭風景。從這一點延伸思考日常的人生百態，而在思考跳躍的點與點之間，往往就會靈光一閃，發現「那件事原來是這麼一回事」。

將想法一一寫下，犯了相同錯誤時比較容易回想起自己先前的體會，也更容易找到解決方法，重要的是能夠藉此注意到自己「是不是犯了他人思考的毛病」。舉例來說，以下思考方式、口頭禪都是出於他人思考：

「別人一定覺得我是『無能的人』。」
「沒有人願意了解我。」
「這件事『交給你決定』就好。」
「要是沒有那個人，事情就不會變成這樣了。」

假如你有無論如何都想實現的目標，請把這個目標寫在筆記本上，試著思考：「為了實現目標，現在的我能做到哪些事？」、「該如何做到這件事？」就這樣一路筆記，直到找出「立刻就能做到的事」為止，讓想法不只是想法，而是當下就能做到的實際行動。另一方面，假如你有無論如何都想解決的煩惱，**也能透過這些筆記，觀察自己是否正處於他人思考的狀態。**

比方說，我的筆記本裡寫著這些句子：

・所有不愉快的感受都是自我成長的機會
・分享自己的失敗經驗也能幫助對方
・不要逞一時之快攻擊別人
・記得到戶外走走，為自己保留思考時間

是不是因為心浮氣躁，就把責任推到別人身上？是否陷入了自我否定？是不是單方面認為「我已經沒有希望了」、「沒有人會喜歡我」？觀察自己內心的想法是很重要的，因為**所有不愉快與煩惱都是自我啟發的契機，請好好重視它。**

STEP1　寫下自己的煩惱

STEP2　寫下自己的弱點

STEP3　寫下自己做不到的事

STEP4　寫下自己最想做的事

STEP5　寫下現在做得到的事

培養思考習慣的五個步驟

想要培養自我思考的習慣，最有效的方法，就是將內心所想的事情一五一十、毫不隱瞞地寫在紙上，這是因為寫成文字後，我們比較容易以相對客觀的方式審視自己的想法。

解決問題的答案可能有很多種，這時只要從中選擇「自己最想做的事」、「現在能做的事」就好，重點在於「自己」與「現在」。

如果生活中出現不愉快和煩惱，不妨試著寫下自己的「靈感筆記」。

經由靈感筆記審視自己的壞習慣

最近，身邊幾位男性都說著一樣的話：「我跟女人無緣，完全沒有希望。」他們認為自己「不可能邂逅理想的女性」。

他們對於和女性相處，有著強烈的不安感。

相較於相處融洽的經驗，他們的記憶總是聚焦在「不愉快的經驗」上，無法想像自己與女性順利交往的可能。

「無法順利跟女性交往」這句話，背後潛藏著他們對於親密關係的焦慮。

許多心懷煩惱的人對於引發困擾的事件本身，往往無法給出明確的願景與目標。既然無法想像成功的可能，自然無法說出自己哪裡做得好、哪裡做不好、學到哪些教訓、又應該如何改善，所以結論才會是「我做不到」。

假如想與女性經營一段關係，就必須建立具體的想法。例如想與什麼樣的女性交往？能夠具體描述理想對象的條件，再來思考如果想要認識這樣的人，進而步入禮堂、走入婚姻，又該在什麼地方採取什麼行動。

如果答案是「想和職場女性交往」，晚上就不要跑去酒店，改為參加異業交流會。就算是理想對象的條件較好，也能藉此定下自我提升的目標。

無法具體描述理想對象的條件，只是說著「願意愛我就好」的人，就是典型的他人思考。

想要找到理想對象，就**必須轉換成自我思考，釐清自己想要變成什麼樣的人，又該如何改變。**只在原地守株待兔，等待某人主動找到自己，這麼剛好的事情幾乎不可能發生，假若沒有找出解決方法，只會不斷為了同一件事情陷入煩惱。

或許你也曾經不斷犯下類似的錯誤。

回過神來總是發現，自己又為了同一件事情煩惱，一再注意到自己的壞習慣，卻又再次失誤。

翻開自己寫下的「靈感筆記」，有時候會注意到一個情況：每個書寫當下都覺得自己有了重大突破，但仔細確認後才發現，原來我在這一頁還有那一頁都寫過同樣的概念。以為是自己剛發現的事，但其實早就和別人分享過好幾次了。

有些人總是會這樣想：「反正像我這種人一定……」這種類型的人不認為好事會發生在自己身上，即使受人稱讚也無法坦然接受，反而覺得對方在挖苦自己。這是因為他們打從內心覺得「相信只會換來背叛，所以不能輕易信任別人」。無論多麼值得信賴的人都令他們感到不安。由於沒有意識到這只是自己的思考慣性，才會每次碰到類似的事情都疑神疑鬼，再度陷入自我厭惡的迴圈。

即使每次都在同個問題上打轉，也不需要因此自我否定。**如果「我又這樣想了」聽起來很負面，不如試著這樣想：「這就是我的獨特之處！」**

利用「替換文字」訓練想像力

想要轉換思考邏輯，不如試試看簡單又實用的「替換文字」吧。

以日文的「加油」為例，漢字寫法是「頑張る（羅馬拼音為 ga-n-ba-ru）」，字面上有固執頑強的意思，這時我會把它替換為發音相同的「願晴る」，希望「心願」能夠「放晴」，也就是「祝你實現願望」。

每一年，日本都有代表該年的吉祥物，這時我就會以「替換文字」的方式來為當年的吉祥物想一句祝福話。比如二〇一七年的吉祥物是「貓頭鷹」（ふくろう，羅馬拼音為 fu-ku-ro-u），取其發音寫成漢字就可以變成「福朗」，祝福每個人都能「開運招福、快活明朗」。

藉由「替換文字」切換思考角度

雖然只是簡單的文字遊戲，但同時也是切換思考角度的好方法。

如果能創作出有趣的句子，不妨積極與別人分享，不僅可供大家效法，彼此也有互相學習的機會。

富有巧思的替換文字，甚至可以進一步寫成有趣的詩詞。**假如你能因此學會以不同角度看待事物，還請把這件事當成一種勝利，如此也能將你的弱點轉化為強項。**

過往別人對我的印象往往是「難以捉摸」或「怪咖」，我總為此感到悶悶不樂。

由於這種印象，我的失敗經驗也特別多。不過當我半開玩笑地拿失敗經歷當笑話講時，大家都被我逗樂了，所以現在我認為失敗經驗也可以是「逗人開心的有趣話題」。

就算是失敗經驗，只要表演夠生動，也有用來取樂別人的價值。只要具備這種想法，即便遇到失敗也能保持正向態度，不過度沮喪、相信自己。這就是想法上的「替換文字」。

假如你總是為了自己的缺點煩惱，請試著改變想法，相信「一切都能成為幫助別人的寶貴經驗」。

我認為每次失敗的當下，都等同是在培養「社會貢獻」的嫩芽。比方說，曾經因為害怕上學而長期無法踏出家門的人，有一天他們也能與有相同困擾的人分享自身經驗。

也許正因為痛苦經驗，他們更能體察別人的難處，或多或少助對方一臂之力。而現在的你，正在為了能夠幫助他人而成長。

當下所有的煩惱與感受，都能對未來的自己和社會上的其他人們有所助益。

列舉自己的缺點，將它化為優點

有一項非常有效的練習，可以幫助人們了解自己的優點。這項練習分為兩個部分：

首先，請試著畫出自己的「人生曲線」。

下頁圖是我的人生曲線，圖表的**橫軸為年齡，也就是時間軸；縱軸表示當時的人生起伏狀況**。隨著時間推進，將自己從出生到現在的人生起伏拉成曲線，並預想自己即將迎接的未來。

這是凝視過去、認清現在、設定未來的練習，請一邊享受過程一邊進行。

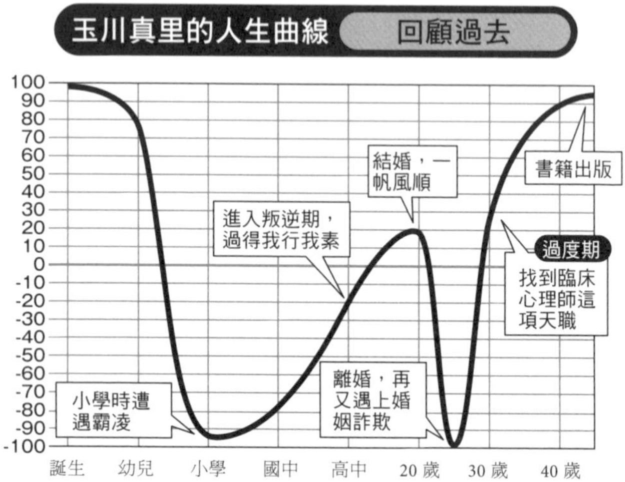
玉川真里的人生曲線 回顧過去
100
90
80
70
60
50
40
30
20
10
0
-10
-20
-30
-40
-50
-60
-70
-80
-90
-100
小學時遭
遇霸凌
進入叛逆期，
過得我行我素
結婚，一
帆風順
離婚，再
又遇上婚
姻詐欺
書籍出版
過度期
找到臨床
心理師這
項天職
誕生
幼兒
小學
國中
高中
20 歲
30 歲
40 歲

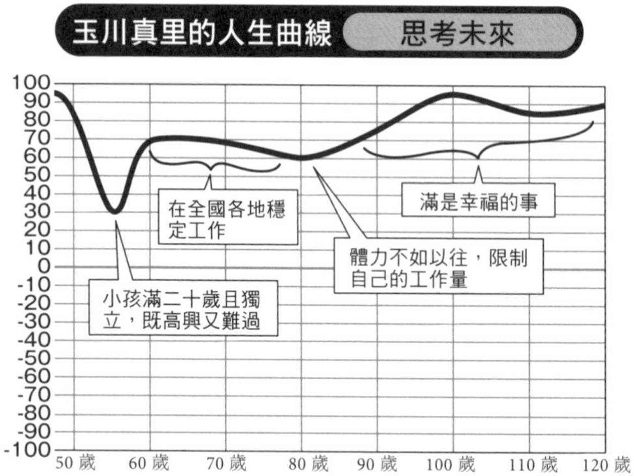
玉川真里的人生曲線 思考未來
100
90
80
70
60
50
40
30
20
10
0
-10
-20
-30
-40
-50
-60
-70
-80
-90
-100
在全國各地穩
定工作
滿是幸福的事
體力不如以往，限制
自己的工作量
小孩滿二十歲且獨
立，既高興又難過
50 歲
60 歲
70 歲
80 歲
90 歲
100 歲
110 歲
120 歲

接著，請寫出自己的強項與弱點。

回顧自己的人生，在這裡要盡量列出自己的弱點，而不是強項。

一聽到要聚焦於弱點，一開始大家都會嚇一跳。

為什麼要這麼做呢？正如前文所提，**缺點可以替換成優點，弱點當然也能變成強項**，所以現在要為自己的弱點進行「替換文字」。

為了做到「不在意他人評價與言行舉止」、「不再受人左右」，必須徹底留意自己的弱點，然後將其轉化為正面的成長養分。請在下頁的「弱點↓強項」表格中，試著寫出自己的弱點。

描繪人生曲線的時候，不只著眼於現在，也要思考過去與未來。「因為有了這樣的經驗，我才會成為這樣的人。」從這個角度思考，能夠更容易面對自我，拼湊出自己的故事。從現在起就開始切換角度，把找到的弱點變成強項吧！

你的「弱點→強項」表

你的弱點	替換	你的強項
例：膽小、不敢表達自己的意見	→	例：夠尊重對方的意見
	→	
	→	
	→	
	→	
	→	
	→	
	→	
	→	
	→	
	→	
	→	
	→	
	→	
	→	
	→	
	→	
	→	

「個性頑固」，換個角度也是一種「信念堅定」。

「不敢表達自己的意見」，同時也是「能夠耐心傾聽他人意見」。

無論是誰都能完成這項練習，習慣後還會覺得十分有趣。

慢慢地，你也能享受尋找弱點的過程，甚至再次找到弱點時，會因為「又找到一項可以替換成優點的特質了」而感到開心。

畫出「達成夢想的樹」

請你畫出一棵結滿果實的樹，然後在果實上寫下自己的夢想，寫得越多越好。

從中挑選最想完成的幾個，然後運用「未來預測法」，思考抵達夢想前必須採取的實際行動。所謂的「未來預測法」，是從「完成夢想」這個終點反推回去，思考現在應該採取什麼行動的規畫方法，

我希望成為這樣的人↓成為這樣的人需要哪些條件↓滿足每項條件需要完成哪些事↓完成這些事需要做些什麼？像這樣**一一細分出每一階段必須採取的行動，直到推導出「為了達成夢想，現在的我能夠做到的事」為止。**

夢想果實
②
夢想果實
①
夢想果實
③
希望能夠從事
幫助別人的工作
從事這類工作
需要哪些條件
為了滿足每項條件
需要做到的事
完成每件事
需要的事前準備
不斷細分達成夢想
前需要滿足的條件，
直到找出自己現在
就能做到的事為止

畫出「達成夢想的樹」

為了達成「成為臨床心理師」的夢，當初的我就是採取這種方法來釐清。透過這項練習，我們就能找到自己當下能做的事，並且按部就班，實際感受自己正往夢想一步步邁進。

不妨試試看這個練習吧。

透過六個問題擺脫他人思考

前文介紹的「未來預測法」，也能運用於以下狀況。

假設我們要選購送給別人的禮物。

有些人選購禮物的優先考量是「希望受到對方讚美」、「希望對方高興」，這就屬於他人思考，自己的心情容易隨著對方的反應而過度起伏。難得送了對方一份禮物，卻為了一些小事而弄得自己不愉快，結果只是被對方的態度要得團團轉。

「無論結果如何，我都是因為自己想送禮物才送」，這才是自我思考。

享受出門選購禮物的期待感，光是推測對方的反應、想著怎麼給對方一個驚喜，都能讓你樂在其中，如果剛好對方開心那就太幸運了！這就是自我思考的觀點。

選購禮物本身並無好壞，隨著心態不同，自己得到的回饋也有所不同：可能為你帶來快樂，也可能讓你心生不滿。

該以自我思考的方式或他人思考的方式來「挑選禮物」，由你自己決定。

對於自我思考的人來說，送禮過程本身就是一種享受，禮物送出，任務就圓滿達成。即使對方表現出不滿意的態度，自我思考的人也能掌握當下狀況，思考接下來該怎麼做。重點在於如何從結果中學到收穫，這才是自我思考的精神。

必須了解上述原理，才能注意到自己受制於哪些「自我設限」。

當你下班回家，明明累得身心俱疲、只想躺在沙發上什麼事也不做，心裡卻有著：「為什麼我會這麼鬱悶？」、「為什麼心情會這麼差？」、「為什麼會沒來由地感到不安？」，此時有個簡單的方法可以檢視自己目前的狀態。

首先，請依序思考下列六個問題：

- 如果對於現況感到不滿，那麼理想狀態會是什麼模樣？
- 需要滿足哪些條件，才能達到理想狀態？
- 哪些是自己能力所及的事？
- 哪些是現在就能做到的事？
- 即使現在就能做到，但自己現在想這麼做嗎？
- 如果現在不做，未來是不是就沒有機會了？

仔細思考後，請將答案寫在紙上，這樣就能更清楚了解自己的想法。

今 檢視當下的自己

例如：「現在是否感到不愉快？」

心情的確不太好 or 不會啊～蠻開心的～

不會啊～蠻開心的～ → 生活充實、心情愉快

心情的確不太好
↓
不愉快的感受從何而來？
（回想最近發生的事情）
↓
理想狀態應該是什麼樣子？
↓
為達理想狀態，需要滿足哪些條件？
↓
當下就有能力滿足的條件是？
↓
當下能夠滿足的條件中，
哪些是現在想做或者能做到的事情？
↓
馬上行動 or 暫時不要

馬上行動 → 試著做做看

暫時不要 → 保留

▼專欄

我的正向「放棄」

我自己也有一些不好的習慣，其中最麻煩的是「明明是脆弱的人，卻習慣否定自己的脆弱」。

「否定」自己的**「脆弱」**，**這兩件事加在一起特別棘手**，容易造就凡事都想獨自承擔，同時又力求完美的個性。能夠成功做到時當然沒有問題，只是一旦力有未逮，便會加倍努力地彌補破綻；如果加倍努力還是不夠，就會開始兩倍、三倍、四倍這樣無止盡地勉強自己，讓疲憊逐漸消磨心神。

遇到事情進展不順時不妨留意一下，原因是不是出於自己最根本的習慣呢？

不過，要察覺日常生活中無傷大雅的失敗與煩躁感比較容易，也較容易坦然接受「擁有這些感受的平凡自己」；萬一事關重大，要培養出這種心態就得多花一點時間了。

既然是長期養成的習慣，自然難以根除。這時候我們需要**學會適當的「放棄」，才有辦法將自己的弱點視為優點。**

而我「接受自己的脆弱」的方式，就是從「放棄逞強」開始。

不必勉強自己事事追求完美、承認自己並非萬能，既然如此，擁有一些弱點也在所難免。

那麼你呢？無論擁有什麼樣的習慣，你是否能接受自己的弱點？還在為了克服弱點，強迫自己變成不一樣的人嗎？**要是找到自己的弱點，請這樣告訴自己：「這就是平凡的我。」**

能夠適當的「放棄」，才能將缺點轉化為優點：「脆弱又如何？不就是脆弱才惹人憐愛嗎？」

第五章

不再為了扭曲的人際關係感到苦惱

採取自我思考、不受他人影響

雖然想要改善現況，但是實際與人互動時，不知為何總是難以保持自我思考，這是**因為我們習慣從別人的觀點來觀察外界與自己**。

試著切換成自己的觀點，由此思考「我有什麼感受？」、「我想怎麼做？」、「我能採取什麼行動？」這樣一來，就能以「自我思考」的方式判斷外界資訊。

有人說資訊爆炸的時代令人無所適從，但是說到底，要不要接收這些資訊是你自己決定的，這跟要不要打開收音機或是決定要聽哪個頻道一樣。

另外，你也可以藉由「知道這件事對自己有沒有幫助？」來判斷是否接收這項資訊。就以看電影為例，想不想看這部電影、或是看這部電影可以從中獲得哪些資訊、如何加以運用？仔細思考後再做出自己的選擇，這樣就沒問題了。

假如電視正在播報某企業的負面新聞。

有些人對於新聞的反應會是一邊看電視、一邊煩躁不悅地批評：「這家公司又在幹這種事了！」這是典型的他人思考反應：對於外界資訊特別敏感，也容易因此感到不快。有些人看到同樣的新聞內容則會這麼想：

「我決定以後不買這間公司的產品了。」

「真的是這樣嗎？不如自己買來吃吃看，確認報導的真偽。」

「還是不要投資這間公司，改買另一間公司的股票好了。」

即使是同樣的資訊，但解讀資訊的方式才更為重要。

試著思考：「該如何解讀這篇報導？報導內容能給我什麼收穫？又會如何影響我的判斷與行動？」如此一來你就能成為主體，將資訊變成自己成長的養分。這就是自我思考。

為了從他人思考轉換為自我思考、不再受到別人影響，我們必須時常反思：「自己為何會如此煩躁？」

如果感到煩躁、消沉、不愉快，進一步反思後卻只得到「奇怪，為什麼會這樣呢？」的結論，那就表示自己再次落入他人思考的陷阱，正在透過別人的觀點來看待事物。

長期以來，我也是不斷在對抗這種他人思考的模式。

即便到了現在，我一樣會在負面情緒出現時告訴自己：「啊，我又掉進他人思考的陷阱了，怎麼會這樣呢？」

雖然無法避開負面情緒，但是一旦能夠理解「原來這就是讓我感到煩躁的原因」，就能逐步邁向自我思考。

避免落入「他人思考的陷阱」

累積微小成功、培養強大自信

前往災難現場進行救援工作時，傾聽災民對於國家的不滿以及對於災害應變措施的怨言，也是我們的工作之一。

有時候，災民會直接將無處宣洩的情緒發洩在我們身上：「反正你們做這些事情還不是為了錢」、「你們怎麼可能會懂」！聽見對方說出這種話，難免會因此感到受傷，但是我們也知道宣洩情緒的必要性，所以同樣會認真看待他們的感受。**這時我們扮演的角色就像是讓他們一吐苦水的「垃圾桶」，先讓對方把內心所有的怨懟與不滿都宣洩出來。**

為什麼要這麼做？首先提供一個宣洩情緒的管道，讓災民能發洩心中因為受到不合理對待而產生的委屈，之後才能冷靜下來，試著以客觀角度正視現況。

有了明確的目標，才能實際體會自己現在從事的工作有其必要性，傾聽受災戶的心聲時也能寬容以對，並且同時感受對方的情緒變化。如此一來，我們也能從工作中獲得自信與成就感，無論是諮商師或受災戶，都能從會談中有所收穫。

基本上，我認為建立自信的重點在於累積微小的成功經驗，所以我推薦的「建立自信的第一步」會是非常、非常小的一步。

只要每天確認自己活著就好。在月曆上打個圈，感謝今天也能平安睜開雙眼，只要做到這一點就好。

對於活得很痛苦的人來說，要做到這一點並不容易。不如就從每天早晨醒來時跟自己說一句：「今天我也努力活下來了！」開始邁出屬於自己的第一步。

或者，「心懷感謝地品嘗美味的飯菜」也是一種方法。

重點在於對過往視為理所當然的事情保持敏銳。

光是想到能夠保持身心健康、又能享受美食，源源不絕的幸福感便會湧上心頭。這時候，我一定會誠懇地看著對方的眼睛，告訴提供餐點的店員或老闆：「非常好吃，謝謝你！」

聽到你的讚美，對方也會因此露出開心的表情。

學會「肯定自己、感謝他人」不僅能夠訓練自己察覺所有的正向情緒，同時對於「活著真好」這件事也能有更深刻的體會。每完成一件事，就給自己一個肯定，讓每次的肯定累積成為下一次的行動力。

每天早上起床時，上班族難免心想：「真討厭，又要工作了。」這時候不妨換個想法：

首先，你能平安睜開雙眼，就代表身體機能正常；會想要逃避工作，是因為你還有一份工作。世界上有些人公司倒閉、遭到裁員，甚至整個城鎮受到大規模自然災害的侵襲破壞，更別說工作了。還能想著「早上還得去上班，真麻煩！」的自己，可以說是超級幸運。

試著想像極端的狀況，就能顛覆自己將周遭一切視為理所當然的想法。假如公司倒閉，自己會是什麼下場？假如國家滅亡了呢？或者突然被醫生宣告只剩一個月可活，自己又會如何？

想過之後，對於至今為止視而不見的一切，你一定會心懷感謝。

充滿感謝之心的土壤，能夠逐漸孕育自信，幫助你成為自我思考的人，專注於自己能做到的事，不再過度在意他人的眼光。

不勉強自己，也不勉強他人

我曾在身心俱疲的狀況下到東京出差。原以為挺直背脊、抬頭挺胸有助於紓解壓力，沒想到抬起頭來，就從眼前閃過數不清的招牌和行色匆匆的人群，一次接收過多資訊，反而讓我更不舒服。

人在面對過多資訊時會感到無所適從，而身處資訊爆炸社會的我們，更容易在不知不覺間累積壓力。我也不例外。

因此我就像以往一樣，低下頭、放低視線。日常生活也是同個道理，**只要限制自己接收到的資訊量，就能過得比較輕鬆。**

就好比長期繭居在家的人嘗試外出時，光是接觸外界就會造成心理上的不安，若是再遇到太多陌生事物，難免不知所措、陷入動彈不得的窘境。

這種時候，與其勉強自己徹底掌握外界資訊，**不如試著找出自己一次可以接受的資訊量，慢慢自我調適，直到身體恢復正常運作，不會因為外界的龐大資訊而想要逃離。**

確認自己是不是站在懸崖邊、眼前有沒有踏出第一步的空間，先從這些小地方開始評估就好。

「長期繭居在家的人回歸社會」，這短短一行字不曉得省略了多少步驟。「馬上就能回歸社會」基本上是不可能的。別太好高騖遠，不妨試著走出戶外，看看自己能否跨出第一步。藉由親身實驗來確認自己是非常重要的。

當日常生活出現煩惱時，慢慢地調整自己的行為，就能找出不勉強自己也不勉強別人的解決方法。

曾經有過諮商個案的煩惱是：「公司裡所有的女性都討厭我。」

如果是這種狀況，在你考慮改變自己之前，請先徹底思考以下問題：「真的是公司裡所有女性都討厭我嗎？」、「這種感覺是從什麼時候開始出現的？當時發生過什麼事？」在往前邁進之前，徹底回顧過去是必須的。畢竟有可能只是你自己多想，或者只是自己無意間的行為造成他人誤會也不一定。決心改變前，不妨試著從觀察與測試開始。

「踏出解決問題的第一步」不是真的叫你往前走一步，也不是只要有改就好，**必須反覆整理腦中想法、推翻內心結論，一而再、再而三地反問自己：「事實真的跟自己想的一樣嗎？」**

這就相當於心理學的「理性情緒行為治療法」。反覆自我提問之後，當然也有可能發現不是自己想太多，而是自己確實做過「不該做的事」。

某位男性個案曾經諮商自己被女性討厭的煩惱，經過反覆提問後才發現，他曾經在酒醉後性騷擾女性員工，受害者事後將此事告訴其他人，事情逐漸傳開，大家才會開始嫌棄他低級，紛紛白眼以對。

做出這種行為，遭到排擠也怨不得人。除了深自反省之外，也必須思考未來應該如何避免喝醉，自己又能如何改善被人討厭的現況。

但若因此以為自己「從此之後一定會被全世界的女性討厭」，那就是他人思考導致的偏見了。即使因為犯錯而被對方討厭，事後仍有向對方道歉的機會，甚至從此改過自新，藉此改變他人對於自己的看法。

不因「可能被討厭」而煩惱

與人相處難免會有摩擦，也常會聽到「不要放在心上比較好」的說法，不過我的建議是：「把不愉快的感受『放在心上』吧。」如果忽略造成不愉快的根本原因，未來還是會為了同樣的狀況所苦。

移開目光、站在原地什麼也不做，這麼做只會讓內心越發不安。與其這樣，**不如積極蒐集情報，遇上任何讓你掛心的事都試著主動尋求解答**，藉由這個過程認清自己現在應該採取的行動，視情況找到應對方法。

若是將日常生活中感受到的「好像……」置之不理，只會害自己越來越憂慮，不斷擔心「萬一事情變成這樣怎麼辦」，在原地打轉。

經由**「提出假說、反覆實驗」**的過程，我們才能**判斷出自己能力所及之事。**

舉例而言，雖然沒有明確證據，但有時候會覺得同事的態度「好像不太對勁」、「自己好像被同事討厭了」，要是置之不理，一味告訴自己「是我想太多了」，難保事態不會惡化。

小時候我不懂得察言觀色，一旦碰上自己有興趣的事就會馬上舉手，沒想過自己也許把別人想做的事情給搶走了。

雖然當時覺得氣氛不太好，不過也沒放在心上，所以一直沒注意到自己被人疏遠了。

為了防止類似狀況再度發生，現在只要發現：「那個人剛剛是不是瞪了我一眼？」下次見到對方時就會仔細留意對方是否如此，確認真有其事。

要是聽見傳聞說「那個人好像不太高興」，有時候我會當面詢問對方：「如果有得罪到你的地方，請務必通知我一聲。」

提出假說，確認是不是自己多心了

假如不是誤會，我就會知道「這是我的缺點，下次要改進」，並且開始著手進行。

有時候感覺氣氛不太對勁，並不是因為自己想太多，而是真的發生了某些狀況。但這個狀況未必是自己造成的，有可能是對方和其他人有所衝突，明明需要幫助卻說不出口，所以氣氛才變得僵硬。

無論如何，當你感覺不太對時，先試著推測所有可能的情況，再透過對方的言行舉止確認自己的猜想。

如果對方的反應和自己預期的完全相同，無論結果是「氣氛果然不太對」或「原來是我多心了」都好，至少能有個答案。

與其假裝不在意，採取上述行動至少能夠幫助自己了解狀況。

重點在於，千萬不要在未經求證的狀況下，一口咬定都是「自己的幻覺」或是「我一定被討厭了」。

「維持現狀」也沒什麼不好

講述關於阿德勒心理學的《被討厭的勇氣》一躍而成暢銷書，甚至改拍為連續劇。書中有一句話直指核心：「不行動、不改變，也是你自己的選擇。」

人為什麼不想改變？這因為過去累積的生命經驗告訴我們，現在的做法最符合需求，同時也對自己最有利。

有些人的想法十分扭曲，不過也可能是因為過去的某些經歷，才導致他們不得不這麼想。

舉例來說，持續遭到父母家暴的人，即便面對關係親密的摯友，也不敢說出心裡話。他們總是在無意間窺探對方的臉色，因此朋友可能會以為他們不願意敞開心胸。

從家暴受害者的角度而言，窺探對方臉色是為了避免遭受暴力對待，學會這項技能十分合情合理。大多數人都是為了順利生存，才養成了現在的想法或行動方式，若是要求他們改掉這個習慣，他們會感到不安與抗拒。而且當事人往往沒有意識到自己正在窺探他人臉色，因此也不知該如何改進才好。

換言之，這種行為合乎邏輯，對當事人來說是最利於生存的方法。雖然有些人希望自己「成為有話直說的人」，不過換個方式想，「既然可以順應場合需要，避免與人發生意見摩擦、順利完成工作，那麼維持現狀反而比較省事。」這麼一想，跟隨自己下意識的傾向也沒什麼不好。

說到底，假如你可以自己做出決定、自己負起責任，維持現狀也很好。

只要你能接納現況，不期待他人伸出援手，也不把責任推卸給別人，那

思考「現在該怎麼做」之餘，也留下「維持現狀」的選項

就沒有問題。假如你希望自己「成為更××的人」，不妨嘗試自問自答：「那我該怎麼做？」「我想這麼做。」「該怎麼完成這件事？」

面對痛苦不堪的現況，試著思考「我能從這件事學到什麼」，也許能稍微轉換心情。

「我想成為什麼樣的自己？」將問題與答案寫下來，也會更容易思考自己為了接近這個目標，現在能做到哪些事情。

在這個基礎上思考，「想要現在行動？」、「不想現在行動？」除了這兩個選項之外，再為自己留下一個「維持現狀」的緩衝空間，你會過得更輕鬆。

讓「想爭一口氣的心情」成為你的動力

我還是自衛隊員的時候曾經遭人批評：「妳太愛強出頭了。」以對方的立場看來，我的論點有理有據，他們擔心講不贏，自信心因此動搖，所以才為此感到不安、看我不順眼。

當時我還沒成為臨床心理師，也完全不了解上述心態，所以聽了非常受傷，憤憤不平地想：「明明是我說的才對，為什麼要這樣？」為了解開自己的疑惑，我讀遍法律規章，四處查找資料，努力尋求解答。

我從小喜歡想事情、查資料，所以一旦遇上自己無法認同的事，便會直接提出質疑，告訴對方：「規則上是這樣寫的。」現在回想起來，當時的我還真是個討厭鬼。

後來我從研究所畢業，以專業身分回到自衛隊，周圍的態度頓時一百八十度大轉變。

曾說我「強出頭」的那些人，這時卻紛紛稱讚我：「之前我就覺得妳與眾不同！」「我本來就覺得妳一定會找到自己的方向。」「妳從以前就比人聰明。」**受人肯定、揚眉吐氣之餘，我同時也感受到「完全沒有必要過度在乎別人的評論」。**

話雖如此，能支撐我走到這一步的，也許是因為我把負能量轉化為成長的養分。在所有能量當中，憤怒、嫉妒、懊悔等負能量最為強烈。由愛生恨甚至能使人不惜殺害另一個人，負面情緒所帶來的動能，就是如此巨大。

所以我會告訴前來諮商的個案，他們心中「絕對要讓你刮目相看」的心情，也能變成繼續努力的動力。只要你還活在世上，什麼事都辦得到。

現在的年輕孩子比較少遇到在競賽中落敗、遭人瞧不起的經驗，也少有機會嘗到不甘心的滋味。我曾經在組織的壓力之下遭受不合理的對待，累積了許多有如連續劇般的負面遭遇，所以也有許多機會將這些「真不甘心」、「給我記住」的情緒，轉換為自己成長的養分。

也許我個人的例子比較極端，不過越是經歷過不合理的待遇，越能將自己感受到的不愉快化為成長動力，進而為社會做出貢獻。

日常生活中我們難免感受到些微不快，這時請不要在心裡生悶氣，請你稍微改變觀點，就能將它化為不同種類的動力。

「忍耐」不是「憋壞自己」

「忍耐」會成為你煩惱的原因。

前陣子我犯了個嚴重的錯誤。

我本來和一位個案約好了諮商時間，卻沒有將這件事寫下來，以致完全忘了赴約。

那位個案的性格本來就非常客氣，過了好一段時間才傳訊息給我：「玉川小姐，我等妳聯絡喔。」我這才想起此事。

我馬上撥電話，頻頻向對方道歉。

對方好像也看過我在社群媒體上的貼文，知道那陣子我工作繁重，也許忙中有錯。分明忘記赴約是我的過失，對方卻體諒我的狀況，忍耐、壓抑自己的情緒。

容易煩惱的人，往往也容易認為「反正我這種人沒有受人幫助的價值」。即使被人放鴿子，也會覺得「我只值得受到這種程度的重視」，於是就這麼算了。即便別人的行為令他們不愉快，這種人也會顧慮周遭、隱忍在心，當作自己的情緒不存在。

請你別這麼做，假如碰到不愉快的事，還是請好好處理自己的感受為上。

為了避免將負面情緒反映到行為當中，最好的方法是在獨處時將情緒轉化成具體的語言、文字，一吐為快。要是憋在心裡不斷忍耐，負面情緒會日漸壯大，**所以請你推自己一把，鼓勵自己：**「沒關係，說出來吧！」

你可以在當下忍耐，以免自己發飆。之後把情緒帶回家，或是在廁所、車內等能夠獨處的地方，將想法化為語言，盡情發洩。假如你身邊有值得依靠的人，不妨告訴他們「我好難過」，讓他們陪伴你。

天鵝的泳姿看上去十分優雅，實則在水面下忙碌地划水前進。人也一樣，表面上看來，有些人似乎悠然自適地完成的工作，不過沒有人可以徹底與煩惱絕緣。**如果你也在內心累積了負面情緒，不妨好好面對它，找個別人看不見的地方發洩。既然是在水面底下，手忙腳亂地划水又何妨！**覺得再也受不了的時候，大可喊出聲來：「我受不了啦！！！」

獨處時將情緒化為語言發洩出來

負能量專用垃圾桶

以前有流行歌是這麼唱的：「不讓淚水落下，仰頭向天，傲然前行……」但是淚水和話語都一樣，請你絕對不要壓抑，盡量發洩出來。

淚水有宣洩作用，放聲大哭之後那種神清氣爽的感覺，想必每個人都曾經體會過。想哭的時候請別仰頭忍住淚水，正確的處理方式反而應該是盡情地低頭流淚。

我常建議個案「把憤怒的話語丟進垃圾桶」，這也是相同的道理。

負能量、痛苦情緒、攻擊性、累積已久的怨氣，還是找個獨處的時候向外宣洩最好。找個沒有人知道的地方，盡情地把這些話語全倒進垃圾桶吧！這時候不必遲疑，也不用客氣。

低頭哭泣、對著垃圾桶放聲嘶吼、寫文章發洩心情，這些都是排出不必要情緒的手段。

把自己的感受說給別人聽，也是宣洩情緒的一種方法。

前陣子，我接到電視台的通告。對我來說，這畢竟是份不習慣的工作，那段時間一想到節目內容，心裡總是非常焦慮不安。幸好周遭的親友一點一點地聽我傾訴這些煩惱，每當我把自己的焦慮說出口，他們會幫我拾起這些情緒，與我共同分擔。多虧他們的傾聽，我心中的煩悶也朝各種方向擴散，逐漸淡化了。

避免負面能量也是非常重要的一點。

希望別人給我建言的時候，我會問對方：「你對這件事有什麼看法？」不希望別人提出建議的時候，我則會在一開始就說清楚，請對方傾聽就好，有時候整個談話過程只有我單方面的傾吐。假如沒有表明希望對方怎麼做，絕對會產生誤會，還可能帶來多餘的壓力。

怎麼做比較好？
妳怎麼看這件事？
妳可以陪我聊聊嗎？
如果沒說清楚希望對方怎麼做的話……
我覺得這件事應該是……
結果搞得自己壓力更大！

花點巧思避免負能量

你希望對方僅是靜靜傾聽？還是希望對方給予建議？不妨在談話之前表達清楚。

我常常問大家：「A和B兩個選項，你比較偏好哪一個？」這也是避免壓力的方法之一，不僅可以調查大家的看法，更能藉此隔離多餘的資訊。

不過度臆測、也不把一切交由對方決定，只要告訴對方：「我想聽這方面的意見，希望你這麼做」、或者「希望你不要這麼做」，你就能獲得理想的結果。

「如果是你的話，你會比較偏好哪一種做法？」「選這個的人比較多，那就這麼做好了。」先徵求別人的意見，最後你可以自行做出定奪。

「交給你決定」容易導致溝通失敗

人際關係當中，最重要的是維持「自我本位」的立場，並且給予對方能夠站在自己的角度思考的資訊。

當然，自我本位並不等於我行我素，而是在了解對方的要求之後，以「自己想怎麼做、能做什麼」為主軸，並付諸行動。

從前我將工作委託給事業夥伴的時候，常常犯下一種錯誤：我總是以為對方比我更清楚細節，所以會告訴對方「都交給你決定」。

不曉得是不是體察了我的想法，對方也會回答「我知道了」，但實際上對方根本不知道該怎麼做才好。而且我嘴上說「交給你決定」，但是看了成果，又覺得不合我意。

這種情況下，雙方難免發生摩擦，這也是因為我沒有提供恰當的資訊，使得對方無法以自我本位的方式思考。

我在工作上的溝通失敗，往往都是由於不斷逃避、沒有正視「自己想怎麼做、想成為什麼樣的人」所導致。

以自己為主軸思考，不僅有助於自我成長，同時也有助於未來的生存。

具備這項能力之後，委託別人辦事更能掌握要點，事情進展也會更加順利。

我總是以自己「不擅長時間管理」為由，不斷逃避，亦無法拒絕工作委託。有一次我被過量的工作壓垮，情緒爆發，先生告訴我：「妳只是假裝自己活著，其實已經死了。」

先生說這句話本來是想諷刺我逃避現實，卻一語驚醒夢中人，我告訴他：「這句話真棒！」這下子換先生嚇了一跳。

當你逐漸培養自我思考，就會發現別人的冷嘲熱諷、嚴厲指教，全都是寶貴的啟發。我們聽了根本無暇受傷，反而覺得「真是難能可貴」。

假如只是單方面受到別人的猛烈攻擊，當然會令人消沉沮喪。**不過，只要試著掌握對方的意圖，思考對方真正想傳達的訊息，別人的話語便會成為推動你成長的金玉良言。**

假如表面上努力生活，卻沒有做到每天能做的事，只是推說自己「不擅長」而加以逃避，抱著船到橋頭自然直的樂觀心態，這可稱不上獨立自主。

以自己為主軸，採用有助於自我成長的觀點，接納外界訊息，也能避免不必要的糾紛。

拋下「周一症候群」

「周一早上好憂鬱，不想去公司上班。」有些人之所以產生這種想法，是因為與別人相處既得耗費心力、又要顧慮對方的感受，前一天就開始擔心：「明天到公司上班，會不會又有人罵我是『沒用的傢伙』？」他們過於在乎別人的反應，反而白白浪費力氣。

因此到了星期一早上，他們早已累得身心俱疲，才會出現無法行動、無法出門工作、發燒等症狀。

根據個人周遭環境不同，身邊也許有人願意鼓勵當事人，說些帶來正能量的話語；但是大多數情況下，當事人已經沒有餘力表達自己的狀況，因此更容易積鬱在心。

他們總是覺得「要是把這件事告訴對方，不知道會不會又害對方操心，」由於內心的罪惡感與不安，不敢找人商量，因此無法從任何人口中獲得正面訊息，最後耗盡自己的心力。

這就是陷入周一症候群的實際情形。

遭人以粗暴言語怒罵、毫不顧慮對方感受，這種傷人的經驗常見於各種職場，並不是年輕員工的專利。在我聽過的例子當中，甚至有人被罵「你沒有能力」、「去死算了」，這類回憶會不斷磨耗我們的心力。

一位女性軍官曾經拜託上司：「因為家裡小朋友有點狀況，希望能讓我請假。」沒想到上司聽了卻怒罵：妳竟然只為了小孩就想請假，要不要臉啊！

她非常受傷，再也不敢提出請假要求了。

從上司的角度來說，團隊裡少了一個人，勢必得把多出來的工作量分配給其他下屬，人力調整也需要耗費上司的力氣。現代社會人手不足、生活又容易耗費心力，這種上司也許並不少見；但若是因此拒絕讓下屬請假，甚至惡言相向，那麼當事人聽了不只內心受傷，更不知該如何是好了。

親子關係也不例外，有些話絕對不能說。最糟糕的一句話是「我要是沒生下你就好了」。這句話孩子完全無法反駁，只會帶來傷害而已。

「你一點用也沒有」、「你這個垃圾」也是如此。這些謾罵在人心上畫開巨大的傷口，奪去一個人活下去的自信，害人失去自主行動的勇氣。當事人會覺得：「我不同意對方的說法，真想反駁，但我一開口是不是又會受到傷害？」

這種想法成了一道枷鎖，**遭受謾罵的人只能盡力避免受到傷害，沒有餘力主張自己的想法。**

許多人在職場關係、親子關係當中，由於這類經驗而失去行動能力。立場越是被動，受到的影響就越嚴重。

「和那個人在一起容易受傷，還是保持距離為妙。」「我還是找人商量一下該怎麼辦好了。」「不如換個工作吧！」假如遭受謾罵的時候你還能抱持這些想法，那就沒問題了。保持這種思維，你一定可以成為自我思考的人，不輕易受到對方左右。請你專注於思考自己現在可以做到的事。

根據我的諮商經驗，那些對於位階高低敏感的人，特別容易被人影響。在你眼中，對方應該受人敬重、是絕對的存在，這種想法是造成敏感特質的要素之一。因此，**請先試著質疑對方真的是「完美的存在」嗎？**對方時而煩惱、時而犯錯，和你一樣是具有弱點的凡人，不是嗎？

還不習慣職場環境的新職員，特別容易只看見上司的位階，就認為對方是「比自己更高等的存在」，但是每個人充其量不過是平凡人罷了。千萬別在這種想法的箝制之下，讓自己受到他人左右。

上司與下屬溝通不良的根本原因

職場上不時會出現溝通問題。**「不敢在這種時機開口」、「無法把想說的話表達清楚」、「對方誤解了你的意思」**……為了人際關係嘗盡苦頭的人，想必不在少數。

女性聯繫左右腦的「腦梁」較粗，所以較擅長以語言表達情感。男性的腦梁則較細，因此不擅長用語言表達自己的情緒。

部分男性上司不以話語明確表達情緒，卻表現在態度上，這是造成職權騷擾的原因之一，有不少個案因此在不知情的狀況下成了職權騷擾的加害者。我曾經諮商過職權騷擾的被害者與加害者雙方，不少被指為加害者的上司，會在無意間做出下列舉動：

- 「砰」一聲用力關上門
- 摔東西
- 咋舌
- 嘆氣

比如工作不順利的時候，上司往往在無意間以態度表達自己的不悅，因此帶給下屬一種不明就理的壓迫感。

下屬感受到上司的壓力，不敢表達意見、也不敢多問，只能自己硬著頭皮完成工作，**這是因為上司沒有給予他們需要的資訊**。上司以為自己已經把意思表達清楚了，下屬卻完全沒有動作，因此氣得火冒三丈；**下屬完全沒有接收到任何訊息，也不明白上司為什麼生氣了，不知道該怎麼辦才好**。

有位五十幾歲的A先生在公司擔任部長，由於四十幾歲的課長B小姐辦事不力，因此他未經徵詢B小姐的意見，便直接把工作分派給她的下屬C。**C身為副課長，立場上必須顧及A先生和B小姐雙方的面子**，結果C除了自己原本的工作之外，還必須一併完成B小姐的工作，因此過勞。更慘的是，每當A部長無法完整表達自己的意思、或是工作不順遂的時候，他就會採取高壓態度，因此C在完成份內工作之餘，還必須小心留意部長的臉色，**職場上隨時處於緊繃狀態**，時時提心吊膽，到了最後，對於任何風吹草動、對方的一舉手一投足都產生極端反應，以致影響身心健康。

進行職權騷擾諮商的時候，我會詳細詢問受害者：「對方在什麼時候、哪些態度、哪些言行舉止讓你不舒服？」我會把蒐集到的這些訊息轉達給被視為加害人的個案，確認他們對此是否有所自覺。

許多情況當中，加害人往往也沒有意識到這些舉動的嚴重性，他們一聽之下大受打擊，深自反省。

從加害者的角度看來，他們在不知不覺間成了職權騷擾的加害者，自己也深感震驚。

許多受害者直到忍無可忍之前，都把這件事憋在心裡，身心因此崩潰。對雙方而言，這都是非常令人痛心的結果。

為了防止上述情況發生，**上司不妨明確說出自己的想法：「我希望你這麼做」、「你這邊做得不對」、「事情進展不如預期，我很傷腦筋」。**

假如下屬也能鼓起勇氣詢問上司：「這邊我不太明白」、「這件事該怎麼做才好？」一定也能把工作做得可圈可點。

上司、下屬都一樣是人，下屬本來大可委婉告訴上司：「這種言行舉止讓我很受傷」、「這種態度讓我很害怕，不敢吭聲」。不過考量到日本的風氣，也許很難做到這點。碰到類似問題的時候，不妨善用諮商資源與申訴窗口，把自己的感受傳達給上司知道。

淪為職權騷擾加害者的上司，其實很多都是對工作懷有熱忱的人。他們

明確表達自己希望下屬怎麼

一心想將工作做得更好，也讓公司更好，卻在不知不覺間成了「職權騷擾的麻煩上司」。

員工常常覺得自己只是按照指示做事，卻挨了上司的罵。只要給予更明確的指示，也能避免這種情況發生。假如上司清楚告知「我希望你這麼做」，下屬也能自行思考：「既然如此，我可以做到某某事」、「這件事可以用這種方式完成」。

「三分鐘熱度」是典型的他人思考

「起了個頭卻三分鐘熱度，沒辦法繼續保持，我真沒用……」「才剛開始沒多久，我就沒辦法養成習慣，一定是那個講座的講師沒有說清楚。」這類常見的想法會產生不必要的不悅，白白損耗你的心力。

假如你傾向全盤接受外界給予的資訊，最後就容易受到他人左右。

舉例來說，假設你參加了一場演講或研討會，深受啟發，興沖沖地決定自我改變：「好，就從現在開始行動！」這正是最容易受到他人左右的時候。此時請你先暫停下來仔細思考。

講師給予的資訊也不過是眾多資訊之一，即便接收到相同的訊息，如何運用這項資訊、為自己帶來正面效益，也因人而異。每個人希望得到的資訊、內心的煩惱、解讀方式、想到的點子都各不相同。

所以，請不要只把講師說的話抄到筆記本上就直接回家了，最重要的是在聽講過程中，時時意識到「這兩個小時當中我能掌握到哪些資源」。**希望你努力運用這些資訊，帶給自己有益的收穫，慶幸自己能學到新知**；否則不僅無法把難能可貴的資訊變成自己成長的養分，更是白費時間。

在心理學的相關聚會上，有些教授會一邊聽講、一邊反駁：「這個解讀錯了。」「用我們的講法來說，他說的就是這麼回事，不過是把同一件事情換句話說而已。」他們焦躁不耐、聽不進演說內容，但這種心態反而才是浪費自己的時間與力氣。無論是照單全收，或是一味反駁，都太可惜了；自己能從中學習到什麼，這才是最重要的事情。

「這種說話方式真好，下次我也試試看。」「這件事無論聽人說幾次，我都做不好，原來是因為沒有做到這一點。」「這個例子簡明易懂，我也可以有樣學樣……」改變觀點與立場，你從中得到的收穫也會有所不同。假如講師非常優秀，你也可以反覆聆聽，直到演說內容倒背如流為止。

即使聽同一個人談論相同的主題，每次還是會有不一樣的收穫。

只要成為自我思考的人，專注於「此時此刻我該如何度過、為什麼而活」，你也能辦到這一點。

自我思考的人不需要聽客套話

對他人的干涉、期待也是一種他人思考，一旦做過了頭，難保不會做出錯誤判斷、樹立敵人，在職場上帶來負面影響。

假如未經驗證就給人貼上標籤，單方面認為「這個人很討人厭」、「那個人太無能」，自己的世界會越來越狹隘。

在破解迷宮遊戲的時候，也許越多面牆壁，越有挑戰樂趣；但是死胡同越少，才能輕鬆前進。人際關係是不斷向外擴展的網絡，萬一自己築起壁壘，你就得繞路才能繼續往前。

若是不想增加討厭的人、限縮自己的行動範圍，有個好辦法，那就是「尋

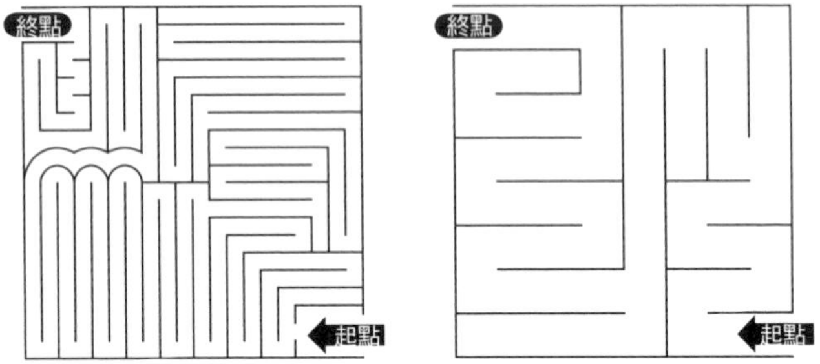

哪個迷宮比較好走？

找不愉快的根據」。

舉個例子，假設有位朋友老愛向你吐苦水、而且還一直想約你見面；對方雖然利用朋友、只顧自己方便，但是本人並沒有自覺。

這時候沒有必要滿足對方所有的要求與期待。你可以找藉口盡量避不見面，或是只在對自己有益處的時候與對方一起同行，**只要能夠自己掌握主控權就可以了。**

有些年輕人不喜歡說客套話，但是為了不破壞彼此的關係，你也可以在對方說「下次見個面吧」時回答「好啊」，假如你其實不想見對方，到時再想辦法推辭。只要做到這樣就好。

那麼我們該如何應對對方的客套話呢？說到這裡，一定又有人為了這個問題煩惱不已。確實如此，對方也和我們一樣會說客套話。

這時若是以他人思考的方式，採取別人的標準來衡量事物，難免受到事情的表面誤導，一心想著「既然答應人家了，那非得跟對方見面不可」，因而受到他人左右。

但是，**你不必顧慮對方說的是真心話還是客套話，只要思考自己「想怎麼做、能怎麼做」就好。**

如果對別人的反應太過敏感，即使面對能夠爭取機會的局面，你也會不停顧慮：「其他人說不定也想要這個機會」、「要是我一個人偷跑，大家不知道會怎麼想」，萬一在優柔寡斷之下錯失良機，那就太可惜了。假如大家真的都想爭取機會，到時候再猜拳決定又有何妨？

為了讓自己活得更自由，請不要因為自己單方面的看法就討厭別人，或是過度迎合別人的做法。**請你後退一步，保持一點距離，想想「真的是這樣嗎？」接著捫心自問：「我自己想要怎麼做？」這兩個問題是非常重要的。**

透過自我思考解決拖延的壞習慣

有個好方法可以避免拖延，那就是**把該做的事、想做的事細分成多個容易完成的小步驟**。

假如要用 WORD 撰寫企畫書，那就先把 WORD 打開。完成了這個小步驟，你會更肯定「我能做到這件事」，抱持正面的心態繼續挑戰。

像這樣逐一完成各個小步驟、降低目標的終點線，是持續推進工作的一個好方法。

就好比不敢上學的小朋友先以「試著在早上起床」為目標，或是商務人士列出待辦事項清單，都是類似的道理。

我也算是嘗試過各種方法，不過我認為理智上明白這個道理是一回事，至於能不能實際採取行動，又是另一個問題了。

不妨先放手做做看，然後質問自己：這件事非得現在做不可嗎？

假如你認為這件事沒有必要做，大可果斷割捨。堅持做自己能力所及的事，逐一將它完成，你的心靈與信念也會在這個過程中逐漸成長。

若以認知行為療法來比喻，細分工作、列出待辦清單都屬於「行為」的部分。

行為固然重要，但是**決定這項行為的「認知」更要緊。**

「我真的想做這件事嗎？它對現在的我來說是否有其必要？」必須先釐清這一點，解決認知，否則行為也會遲遲難以推進。

- 你想做什麼？
- 現在能做到哪些事？

假如這兩個問題的答案一致，即可著手思考下一個階段，也就是「該怎麼做才能完成這件事」。需要上述方法也代表在他人思考的狀態下，我們很難改變自己的行為。

至於細分工作與製作待辦清單，則是在之後採取實際行動時派上用場。達成目標時幫自己設定獎勵也非常有效，例如在月曆上貼貼紙、幫自己畫個小花記號，或是規畫在達成某個目標之後，做一件獎勵自己的事情。

煩悶雷達與幸運雷達

人際關係中發生不愉快時，假如心想「我一定要忍下去」，那實在很痛苦，畢竟沒有人願意承受看不見盡頭的委屈。反過來說，如果說服自己忍耐五分鐘、甚至忍耐十秒就好，那一定每個人都做得到。

舉個例子，假設你找人商量煩惱，原本期待對方說幾句好話安撫你，沒想到對方卻毫不客氣地指出你的缺失，你聽了心裡一定大受打擊。

不過，**這時候請不要立刻做出反應，先在心裡默數十秒。**接著邊傾聽對方的論點，一邊**客觀地審視發生了什麼事**，試著思考：「我追求的是……但是現在發生了什麼狀況？」假如發現自己無法冷靜，不妨在事後找個可以獨處的地方，透過自言自語將情緒發洩出來，然後花幾分鐘的時間，再次回想當時發生的事情。「是哪一點令我不高興？」冷靜思考，你會喚起情緒激動時未曾有過的想法。

「我追求的是魔法般神奇的療癒效果，但是對方的反應和預期中完全不同，所以我才會生悶氣？」「也許是因為我只希望對方聽我傾訴，但對方卻下了指導棋，我才會不高興。」平靜下來之後，你就能理性思考生氣的原因。思考之後，有時候你也會發現不必理會那個人說的話，自己大可當作沒聽見。

花些時間平復自己的情緒、仔細回想當時發生的狀況，都是為了避免單方面斷定「都是對方的錯」、「我一定又會碰到討厭的事情」、「這種不愉快的心情會一直持續下去」。

當你的煩悶雷達偵測到信號的時候，記得給自己一點時間觀察情況，千萬別在衝動之下大發雷霆。這是不變的鐵則。

假如煩悶雷達響個不停，你深受其擾，也可以告訴對方「請給我一點時間」，然後離開現場。

離開現場之後，請你**為自己安排一段休息時間，喝杯茶放鬆一下，然後再開始回想剛才發生的事。**

偶爾衝動回嘴之後，一定要保留反省的時間，假如自己有錯，事後要向對方表達歉意（或在心裡道歉也可以）：「對不起，是我說話太衝了。」

把自己的狀態說出來也很重要，例如告知對方：「實在是因為我太累了。」

收到令人不愉快的訊息、信件時，也可以運用這個方法。假如立刻回信為自己辯護，難保你和對方的關係不會惡化。先冷靜一下，思考不愉快的原因，你會看見自己能夠從中學到的收穫。

寫完回信最好先擱置一天再寄出，就像晚上寫了情書，早上起床最好再讀一次的道理。經過一段時間的沉澱，審視效果會更好。

把煩悶雷達變成幸運雷達

找到不愉快的原因之後，請思考它為你帶來了哪些收穫。持續訓練後，你也能在坐下喝茶、放鬆的三分鐘內走出「不愉快」的心情，甚至把這份不愉快當成一種「幸運」。

「不愉快的感受都是很棒的話題，也是一種學習。把自己的失敗經驗當作話題自嘲，所有的不愉快都能成為幫助別人的經驗。」這是我內心深處的想法。

碰上不愉快的經驗，我會認為「多虧這件事，我才能審視自己的弱點」，因此觸動了我的「幸運雷達」。

▼專欄

接納自己的「罪惡感」

假如你發燒了，向公司（若你是學生，那就是向學校）請假，隔天燒退了，身體狀況好轉，但你還是不想去上班、上課，決定再請一天假。

這時候，如果你確實意識到自己蓄意偷懶，抱持著「拿生病當藉口再放一天假吧」的心態，那就沒有問題。

不過，如果你沒有這種自覺，還想著「說不定我出門就會開始不舒服」，掩飾自己想藉生病偷懶的心情，那可不行。

當然，裝病不是值得表揚的行為。但是認清自己「想裝病偷閒」，接受自己內心確實有這種想法並做出決定，這是很難得的事情。決定伴隨著責任，也許這項決定會引來某些麻煩，不過你大可連著這份責任一起接納。

明白自己能容忍無傷大雅的「壞事」，內心也會更有餘裕。

有時候想盡辦法躲開麻煩事；有時候一會兒哭一會兒笑；本來氣得火冒三丈，但下一秒又注意到自己該反省的地方，羞愧得想挖個地洞鑽進去。這些脆弱、狡詐都是人類與生俱來的特質。

例如有時候，曾經陷入憂鬱狀態的人會心想：「假如我走在街上，一臉心情愉快的樣子，說不定會有人懷疑『這個人真的得過憂鬱症嗎？』」因此無法自在行動。又例如前不久剛發過脾氣的人，雖然心裡的怒火已經平息，卻顧慮別人的目光而不敢露出笑容。每個人多少都有這一面，無一例外。

但讓別人看見這一面又有何妨？無論是盡善盡美的自己、還是笨手笨腳的自己，你都可以大方展露在別人面前。

人不會因為這樣就死掉，也不會有人因此討厭你。大多數的情況下，旁人看了甚至覺得「這人很直率」、「沒想到他這麼有精神，太好了」。

偶爾演戲也沒有關係。**試著積極檢驗自己的假設、觀察周遭，你對他人的敏感會逐漸減輕，也就能漸漸培養出「做自己」的自信。**

結語

各位閱讀本書的讀者，真的謝謝你們。

遇見一本書、一個人，人生從此改變……無論在我自己身上，或是在與個案來往的過程中，我都見過許多類似經驗。如果這本書能為各位帶來某些啟發，我會非常高興。

我的原生家庭有點複雜，與「平凡」兩字無緣，因此從孩提時代起就過得十分辛苦。看著眼前的現實，心中不免會產生疑問：**「究竟什麼才是平凡的人生？」**為了追求「平凡」，我加入自衛隊成為公務員，但卻無法解決根本的疑問：我仍然不知道「何謂平凡」。我進入大學、研究所，加入學會進修，學習神學、哲學、心理學、法學，卻依舊找不到答案。

何謂平凡？該如何成為平凡人？**深陷別人的標準與規則而執著於解答的我，正是名副其實的「他人思考」。**

後來我才發現，將生活重心擺在「自己此時此刻想做的事情」、「現在自己做得到的事情」才是最重要的。一旦認清這點，就如同黑暗中照進來的曙光，瞬間照亮自己一直以來追求的答案與理想。答案與理想不會如魔法般突然出現在眼前，而是一直存在於「自我」當中。

當以「自己能做到哪些事情」的角度觀看事物後，便再也不會試圖追求「別人眼中的平凡」。

生活在現代社會，我們隨時必須面對自己與他人之間的關係。即便是親子關係，也同樣是自己與他人的關係；即使骨肉相連，彼此間依舊是不同的個體。而在家庭教育之外，學校教育也是其中一環。當孩子從小就在聽從教導與接受給予的環境下成長，追求他人的認同也是理所當然。

日本的教育體系之下，只要「乖乖聽從父母師長的話」就是「好孩子」，就能贏得讚美，等於在無形之中鼓勵孩子原封不動地接受別人給予的答案、遵從別人的指示行動。一旦養成習慣，就會因此費心回應別人的期待、遵守別人給予的正確解答，**遺忘自主思考判斷的決策能力；結果導致「好人病」的誕生。**

在此由衷希望各位讀者都能成為自我思考的人，不再受到他人的看法影響，迎向更為輕鬆愉快的人生。假如你能從「為他人耗費心力」轉變為「為自己產生動力」，就是最讓我開心的事了。

自己能做到哪些事？現在能採取什麼行動？能怎麼做來改善現況？假如每個人都能仔細思索這些問題、實踐自己能力所及的事，我們一定都能成為理想中的自己，也會更接近理想的社會。

最後，我想向成書過程中給予莫大協助的朋友們致上謝意。一本書從無到有，中間灌注了編輯、寫手、書店職員等各方人士的心力，人數之多難以一一致謝。在眾人幫助之下誕生的本書，最後終於交到各位讀者手中，唯有匯聚大家的力量，這件事才得以實現。受到許多人幫忙的我，也才有幸以此書回饋社會，在此致上由衷的謝意。

特別感謝綿谷翔先生給予了鉅細靡遺的建言，沒有他的鼎力相助，我不可能走到這一步。從寫作第一本書開始，綿谷先生便不斷指導我，不僅訓練我身為作者的能力，同時也培養我成為更好的人，他是我人生路上的恩師。

想到有人願意拿起此書、願意借重我的專業，就能讓我充滿自信，相信自己值得活在這世上。

發自內心感謝我遇上的每一個人，真的謝謝你們。我在這裡守望你的幸福，為你祈禱。

臨床心理師　玉川真里

人生顧問364

誰讓你總是先說好

害怕被討厭而無法說NO？拒絕當個濫好人，別讓過度體貼委屈自己

いい人病 ~ゆがんだ人間関係をやめる処方箋~

作者	玉川真里
譯者	簡捷
主編	陳怡慈
責任編輯	林進韋、陳怡慈
執行企劃	林進韋
內頁排版	SHRTING WU
發行人	趙政岷
出版者	時報文化出版企業股份有限公司 10803 台北市和平西路三段240號一至七樓 發行專線｜02-2306-6842 讀者服務專線｜0800-231-705｜02-2304-7103 讀者服務傳真｜02-2304-6858 郵撥｜1934-4724 時報文化出版公司 信箱｜台北郵政79～99信箱
時報悅讀網	www.readingtimes.com.tw
電子郵件信箱	ctliving@readingtimes.com.tw
人文科學線臉書	www.facebook.com/jinbunkagaku
法律顧問	理律法律事務所｜陳長文律師、李念祖律師
印刷	勁達印刷有限公司
初版一刷	2019年4月
定價	新台幣280元

時報文化出版公司成立於一九七五年，並於一九九九年股票上櫃公開發行，於二〇〇八年脫離中時集團非屬旺中，以「尊重智慧與創意的文化事業」為信念。

ISBN 978-957-13-7650-9｜Printed in Taiwan

誰讓你總是先說好：害怕被討厭而無法說NO？拒絕當個濫好人,別讓過度體貼委屈自己／玉川真里 著；簡捷 譯. – 初版. -- 臺北市：時報文化, 2019.04｜ 面；13x19公分. --（人生顧問；364）｜譯自：いい人病：ゆがんだ人間関係をやめる処方箋｜ISBN 978-957-13-7766-7（平裝）｜1.人際關係 2.生活指導 ｜177.3｜108004414